新劇製作者

劇団青年座とともに

水谷内 助義
Mizuyachi Sukeyoshi

一葉社

新劇製作者

劇団青年座とともに

目次

製作者のつぶやき――ふっと立ち止まり、ふりかえる　10

I

岐路――私たちは行く　24
風は過ぎ行く　27
「実り」と「祈り」　30
「聞いてくれ」、かくて新年を　33
再演をみつめる。それがうれしいのです。　36
東の風三メートルの中を　39
ゴールのない旅　42
時の風景　二〇〇八・一・一　45
夢と現《うつつ》、次の出番を待ちながら　48
『評決』今を生きる証し　51
夏がくれば一直線、マキノノゾミ三部作　54
晩秋、婉然と咲き競うマキノ三部作　57
中空に旅する人たち　60
本当にある話だから　63
紫陽花の一週間　66

壮麗な夕焼けに　69
五十五年目の証言　72
演劇創造、この果てしない旅路　75
ちょっと寄って下さい「高円寺」下車五分『禿《はげ》の女歌手』が待ってます　78
演劇の力　81
柳絮《りゅうじょ》舞う北京、生活習慣のなかには　84
酷暑の夏は、めぐる　87
たそがれ、たそがれ　90
古稀を迎える　93
近　況　96
演劇、問い続ける日常は　99
記憶にない、記録　102
秋に想う　105
思　案　橋　108
母ちゃんの手紙　111
二〇一二年、その貌　114
真夏の夜、「光る根雪」　117
六郎よ、劇団は生きている　120

手　帳　123
青年座はゆく二〇一三、東京マラソン始末記　126
ホテル。「何もない空間」　129
芝居と現実のあわいに　132
灼熱の時『LOVE, LOVE, LOVE』の場合は　135
「朝日に照り映える海」に向って　138
二〇一三年、蛇年男はハードルを越えたか　141
イッサイのツブヤキ　144
春の点描　147
八月の情念　150
鼓楼がけむる街に　153
『世界へ』、命を吹き込むのは誰　156
行きゆきて戦後七十年、劇を今　159
終りの、始まり　162
小さな一人旅　165
秋天下、夢追うものの　168
怪しい時代　171
見届けなければ……　174

時々刻々、演劇は征く　177
芝居は生もの、四季折々の顔がある　180
暮れなずむ日々　183

II

ある土曜の午後　188
「ＥＸＩＴ」の彼方　192
あこがれほろほろ　196
曼珠紗華の咲く頃に　200
無冠の人——追悼　森塚敏　202
十月一日　204
二十六年の時を経て「ブンナ」中国に行く　207
「ブンナワールド」の夢　210
私の「三好十郎」　218
「お別れの会」に寄せて　225
「傑れた劇」とは　229
「ブンナ」の軌跡　234
エリスとともに　238

劇団、情熱と持続の彼方に 243
二〇一四年八月二十一日は「通夜」であった 246
水上勉さんが描いた故郷・若狭 249
水上先生と青年座のこと 251
わろうて ござる 254
巡る年月五十年 257
「今日という日は二度とない」 261
椎名麟三先生 263
あとがき 267

装画写真＝『ブンナよ、木からおりてこい』劇団青年座
カバー（第４次公演、２００６年）撮影・真野芳喜
表紙と本扉（第２次公演、１９８５年）撮影・水谷内健次
目次扉（第３次・ＮＹ公演、２０００年）撮影・真野芳喜
中扉（第５次公演、２０１２年）撮影・小林万里

新劇製作者

劇団青年座とともに

製作者のつぶやき
——ふっと立ち止まり、ふりかえる

六月十四日、朝、劇団に出て席につくなり、電話があった。八木啓太氏の声。

「(長い間)……父が亡くなりました」。

「(長い沈黙)——」。

二〇〇四年六月十四日〇時二十五分、八木柊一郎さん永眠。何ということだ。私は何も考えられず仕事も手につかず、ただ啓太氏の声のみが頭をめぐった。

遺作となった三月、俳優座劇場の文化座公演『天国までの百マイル』初日に、八木さんの顔がなかった。不安だった。その後芝居は御覧になったとのことであったが、体調不良は心配であった。

青年座の節目節目のセレモニーには必ず出席いただいていたのに、五月一日の創立五十周年記念パーティにもその姿はなかった。

啓太氏の一報のあと、居ても立っても居られず、辻堂の新居に向かった。

八木さんは六月十二日の時点で意識はしっかりしており、十三日におとろえがきて、十四日に入ってお亡くなりになった。死のまぎわまでモーツァルトを聞きたい、と言ってお嬢さんにＣＤをかけてもらっていた、との事であった。

六月十八日藤沢市斎場の「お別れの夕べ」、十九日「お別れの会」はモーツァルトとビートルズ、献花に黙禱。稲野和子、庄司肇、佐々木愛、東恵美子さんらのお別れの言葉と、きわめてシンプルな中で八木さんとのお別れとなった。とりわけ氏の愛聴してやまなかったCDを使って会を彩るとは、まるで八木さんが台本を遺し、それによった会で、かの国に逝ったことになる。

十八日は辻堂に泊り翌早朝、辻堂海岸と、茅ヶ崎海岸を私は走った。日は昇り、湘南の波と風、そして間近にそそり立つ富士山の霊気。それは眉目秀麗、あくまでもダンディな八木柊一郎さんの雰囲気そのものであり、私は全身に八木さんを感じて走った。

田舎から上京し、大学に入って三年目。「シナリオ研究」であったか、授業の教材に『波止場乞食と六人の息子たち』が使用された。この妙な題名の作品を書いた作家が八木柊一郎という美しい、かっこいい名前の持主で、強い印象を持った。三年後縁あって青年座に入り、その作品がここで初演されたことを知った。そして一九六八年、『坂本龍馬についての一夜』が八木さんとの関係の始まりであった。

関係などと書くと妙な感じで、一回り上の八木さんに対して失礼な気がする。だが、青年座に最も多くの作品を提供した八木さんが、私の青春まっただ中にいかに深く関わったか、とても書き切れるものではない。

一九七七年十一月末、『コンソメスープ昭和風』どさんこ血しぶき事件」はその最たるものであった。劇団は、若き血気盛んな演出家鈴木完一郎に八木さん自信の新作をまかせた。

戦中、戦後の青春時代を生き七〇年代に入って、すでに中年となった男は家庭を持ち、平凡に生きる。親子三代が登場し劇中劇をもって「昭和」を描く。複雑な構成は――レビューの試み――と副題にある通り歌と踊りを駆使して進行する。あの終戦をめぐる御前会議の重臣たちは、上半身モーニング、下は白い半ズボンといういで立ちである。

こうした大胆不敵な演出が誰も想像出来ない劇的高まりをみせた。だが脚本の段階で異をとなえていた男がいた。八木さんより五歳下のその男は大塚國夫演ずる中年男が甘すぎる、と批判していた。これは一種の兄弟喧嘩のようなものに感じた。ともあれ完一郎の演出によってその男の評価が一変した。結果オーライはしかしとんだ波乱劇に発展し、劇団前の呑み屋〝どさんこ〟に血の雨が降った。登場人物は鈴木完一郎、八木柊一郎、私、そして他に何人かいて、そこにあの男が現れ事件が起こった。

実を申せばこれから始まる拙文は、『劇団青年座五十周年史』を編むについて編集長の劇作家西島大さんが通史を担当し、劇団各部の人間がそれぞれの立場で部の実情を書いた資料を提供、それを参考ないしは素材として私が書くことになった。製作部の私は入座してから現在にいたる約四十年を、ふっとふり返る時間を持つことになった。この拙文は、そのごく私的なメモないしは覚え書きである。すでに西島さんを中心に作られた座史は人の手にわたり、幸いぬくもりを感じる「作品」として好評を得ている。それはひとえに西島大さんの力である。したがって私の原稿は筐底に没するか破棄されるものであった。が、『テアトロ』の中川美登利編集長が活字にして下さるということになり、頭に何かを書いて渡そうと思っていた時、八木さんの訃報に接した。八木さんをめぐる思い出はつきない。

あの男のことから始めよう。一九五九年に入団した彼は、当時あったレパートリー委員会が企画委員会となりその委員に入っている。青年座創立五年後の事、まだ製作部というものはなく経営部と言っていた。二年後の製作経営部長成瀬三雄（代表成瀬昌彦の弟）、製作課長があの男である。経営課長は部長兼任という、これが「青年座は会社ごっこ」をやっていると劇団仲間から嗤われていたゆえんだが、入団二年目にして役づきとなり、製作の第一線に立ったことになる。今日言う製作部は確立されておらず経営部の中に含まれていた。

一九六二年、語りぐさとなっている俳優座の衛星劇団と言われていた劇団合同公演、福田善之作・千田是也演出『眞田風雲録』の製作に、あの男の名が堂々とスタッフにクレジットされている。若き演劇製作者金井彰久、快心の舞台登場であった。

六三年製作経営部長金井彰久となるまで、本公演作品に製作の名はなく、公演責任という名前でかろうじて個人名がクレジットされている。五七年『三人の盗賊』に製作成瀬三雄・平田守が例外的にあるが、「製作」がスタッフに登場するのは六五年『ピエロの墓』飯岡亨、『奢りの岬』金井彰久まで待たなければならない。この年の四月から六月終わり頃まで二カ月半にわたって金井は日本に居ない。第二次訪中新劇団公演の事務局として中国に行っており、そのために四月公演の『ピエロの墓』の製作が飯岡亨になった。私の正式入団がこの年であった。

劇団の中に演劇製作のポジションがきっちりと認識され、確立された年、と言ってもいいように思う。何故わざわざ演劇としたか。つまりこの頃は経営部の中にマスコミ担当のマネージャーも共存していたのである。

一九六五年、何月頃であったか正確な日時を思い出すことが出来ないが、私は下北沢の劇団青年座に金井彰久を訪ねて行った。その時の光景はしかし、今も鮮やかに覚えているのである。暑い日だった。

日大芸術学部の四年になって、ある目的を達するためにレッスンに励み、留年して新宿歌舞伎町ミラノ座前の巨大キャバレー「ムーランルージュ」で昼三時から十二時まで勤めて生活費を稼ぎ、夜中に目黒大鳥神社近くのアパートに帰る。そんな生活をしゃにむにおくっていたところに大学同期の青年座研究生Dが、ある事情があって、ころがり込んで来た。六畳一間の同居生活が始まった。劇団の芝居の稽古が始まると昼も夜もあったものではなく、研究生の生活などほとんど考慮することはなかった。キャバレーのボーイと新劇団の研究生の青春。お客さんにもらったチップの分け前四、五百円の日銭を握って味噌と食パンと大根などを買って帰り、二人で食事。

無論稽古のない時、Dは新宿三丁目の飲み屋で皿洗いのバイトである。ある日彼は「おい水谷内、演劇の製作をやる人を探している人が居るが、一度会ってみないか」との情報をもたらした。もとより映画学科の映画狂だった私に、そんな職業があるなど、知るよしもない。しかし、一緒に生活している中で、彼は私の目指す道に少なからず不安を感じていたようだった。私はと言えば、もっと不安であった。三時にキャバレーに入り二時間にわたって掃除、五時から営業開始の六時までにコマ劇場裏の銭湯で（今は跡形もない）汗を流し、食事を終えるとすぐ屋上に行って体を動かし、六時にはエレベーターの前に立って「いらっしゃいませ」と客を案内する。こんな毎日は目的があってこそ出来る、がその目的がグラつき始める。Dの一声は自分にある変化をもたらした。そしてついに会いに行こうと決心した。演劇製作者とは何だろう。新しい希望と言うか、道がみえて来るのではないか、と思ったに違いない。

「君は映画をやっているんだってな、どう、どんな映画がいいんだい」。稽古場一階の事務所に机が五、六個あったろうか。その全部を見渡せる窓側の机に足をのせ椅子にふんぞり返り、パイプをくわえながら彼は言った。時はヌーベルバーグ全盛時代、私はアントニオーニ、フェリーニ、アラン・レネ等の作品を次々と並べ、すごい作品であると言った。

「ふ～ん、そんなに面白いかね」とまさに一蹴された。何てヤツだと思った。

しかし、自信に満ちたその存在に今までにない男の魅力を感じ、悔しいが七つ違いの彼に心ひかれるものがあった。

かくして、私は青年座に入り演劇製作者になろうと決断、「ムーランルージュ」をやめることにした。

雲の上の人のようにみえたキャバレーの現場を支配しているマネージャーに会いに行った。

入った時二十二番ボーイだった私はあこがれのシングルボーイ、七番になっていた。この世界は先輩後輩関係は一番違いで大きく身分の差といったものを感じさせた。約一年で七番に出世した。マネージャーには「お前は素質がある、やめるな」と熱心に引き止められた。出世などと書いたが当時キャバレーのボーイはある種の吹きだまりのような場所で、次々にやめていく。とりわけ厳しかったことはホステスとの関係であった。ちょっとでも手を出そうものなら即、首が飛んだ。商売モノに手を出すな、は最も単純にして明解な掟のようなものである。私はそんな世界にとびこみ、そこからの転回は意味があり無駄ではなかったと今も思っている。

何もかも見よう見まねの手探りで、製作のマニュアルなどあるわけもなく、今と違って年に一本か二本の本公演しかやらない時に、いったい何をやっていたのだろうか。三カ月の見習い後に正式な座員となった私の仕事は、一から手をとって教えてもらうというものではなく「仕事は自分で探せ」といった内実であった。入って早々に先輩の飯岡亨に「お前、金井と三月持ったらおなぐさみ」と言われた。それ程に金井彰久の個性と自意識は強烈で、ズケズケ物を言い、歯に衣を着せない江戸っ子口調はものすごく、酒など飲んだら、もう手のつけようのない自信家ぶりであった。とにかく青年座の面々は酒が強く、まともな集団とは思えなかった。芝居を創る創造集団というのは、何とおどろおどろした狂った世界か。意気盛ん、若さを誇った私はあきれかえった。しかし、気がつけばいつも金井の後ろにくっついて歩いていたのだ。反面教師などと、その後面白い言葉が出てきたが、私にとって製作の現場の全てが金井彰久の居る風景であった。そんな彼が入団して間もない頃、役者に「製作のおまえはだまっとれ」と一喝されたことがあったと悔しそうに語った。芝居に対し批判的な感想をもらした時のこと、この一言に彼のプライドがひどく傷つけられたことは想像に難くない。演劇製作者の存在、位置は、低く、問題にされなかったのだ。

しかし、ようやく六五年に芝居のポスター、チラシに名前がのるようになる。

金井が入団して六年にもなって、である。彼の仕事が座員に認められ、製作の大切さは、芝居創りに欠くことの出来ないものであることを認めさせた、と言えるのではなかろうか。その苦労の後にひらけた職業として、私は、青年座に迎えられた。とは言え製作者という仕事を説明するのに苦労した。死んだ両親はついに私の仕事をきちんと理解出来なかったのである。

金井が教えてくれた事の数々はなかなか言葉にしがたいものがあった。「芝居に惚れろ、役者に惚れろ」「よその芝居を観ろ」「製作者は、まず下足番たれ」などなつかしく耳に残り、いつか自分が後輩にこのような言葉を口にするようになっていく。ともかく私は映画に憧れ、その世界に行くことに破れ、自分の中に芸術家として立つ素質に恵まれていないことを知り、彼等を相手にする道に進んだ。劇団の製作部員は、「製作」と呼び捨てにされた。裏方とも言うが今日では普通に製作者と言い、いわれる仕事である。その意味で演劇における製作の地位が向上し、なくてはならないポジションと遇されるようになった。結果的には、一年遅れで大学を卒業し、私は新卒の演劇製作者の卵としてスタートする幸運に恵まれたことになる。その頃は、そんな存在の新人は、めずらしかった。

私の初製作は一九六六年、椎名麟三作・成瀬昌彦演出『天国への遠征』、矢代静一作・栗山昌良演出『絵姿女房』の俳優座劇場公演であった。八月二十九日から三十一日と三日間の公演はしかし本公演で、私のデビューであった。小説を読んでしか知らなかった作家・椎名麟三との出会いは、私が戦前の特高警察の尾行に間違われるということから始まった。この年は田中千禾夫作『肥前風土記』で関西の初旅公演もはたし、そして『天国への遠征』と真船豊作『銘』の二本立を高等学校で上演するためのスケジュール作り、オルグと言って地方に作品を売り込む仕事をやった。

冬になって自分の故郷の高校はもとより、福井、富山の高校を雪をけたてて片っ端から歩いて回った。まだまだ芝居がわかったわけではない。依然として手探りであったにもかかわらず一人前の演劇製作者のような顔をして、作品を売り歩く自分の姿を想像しただけで今も冷汗の出る思いである。私はもう立派に一人前の口をきいていたに違いない。当然ではないか、劇作家、演出者、役者、プランナー達が心血を注いで創り上げた舞台の現場に立って彼等と一緒に泣き笑い怒り、稽古を重ねて創り上げげられた舞台の目撃者にして、最初の観客である者がその芝居を相手に語り伝えられなくて、どうするのか。

何とか旅スケジュールを作って、翌六七年の春、森塚敏、大塚國夫、今井和子、藤夏子（当時は豊原公子）といった第一線の役者とともに旅した。忘れられない現場であった。

青年座の学校公演は、中学生に観せることから始めた。他劇団はそれ程力を入れていなかった。だが創作劇で彼等の求めにぴったりくる作品となると簡単ではなかった。『ロミオとジュリエット』やモリエールの『いやいやながら医者にされ』といった舞台をワゴン車一台に、道具と役者全員が乗って旅する、まさにゲリラ的な公演であった。実情は青年座の本来の舞台創りに程遠いものであった。そうした不満が製作、役者、スタッフともにあった。こうした葛藤の結果、世にでた作品が水上勉さんの『ブンナよ、木からおりてこい』であった。原作の舞台化に六年の年月がかかり、若き小松幹生脚本、篠崎光正演出、そしてさらに若い役者諸君の才能によって一九七八年青年座劇場に誕生して以来、宮田慶子、鈴木完一郎と演出家がリレーして、今日まで千百五十回を越すステージを重ねている。諸事情があったにせよ、後をついだ二人の演出家の苦労は並大抵ではなかったはずだ。そして役者達も。ブンナは全国はもとより中国、アメリカ、韓国にでかけ、ロシアのハバロフスクにあるチューズという劇団で、ロシア人によるブンナも出来た。

この頃も本公演は年二本ぐらいであった。演劇で飯を食うというプロ劇団としての理念の達成には程遠く、それを解決するためには、いかに旅公演を増やすか、という以外にはなかった。懸命に地方オルグをくりかえして学校公演に進出して行ったが、容易なものではなかった。

六六年から六八年は青年座下北沢時代の最後になる。この頃から舞台の芸術的評価が飛躍的に高まる。

ところで一つ忘れられない事件のことを書いておきたい。六七年、俳優座系の合同公演『奇想天外神秘《ミステリヤ》・聖喜歌劇《ブッフ》』（マヤコフスキー原作、長谷川四郎改作、千田是也演出）に、金井の助手として私は八劇団にわたるスタッフ、キャストの人達と交わり、新劇界が一劇団の枠を越えて一気に広がって行き、演劇製作の面白さと意味が、いよいよ自分をとらえていった。六十人近い人間を連れて旅に出て行った。何が起っても不思議ではない、しかし私は無事に勤め上げた。最も若いメンバーは六八年に旗揚げする「自由劇場」の役者諸君だった。ほぼ同世代の俳優座養成所十四から十五期卒の人達が、観世栄夫さんの関係で参加したのだった。この稽古中であったろうか。稽古が終わって私はたびたび彼等の語る場に顔を出した。佐藤信さんの家であった。しかし、そこで展開される演劇論は難しすぎて自分の理解を超えたものだが、目がくらむように面白く好奇心がさわいだ。旅公演の全てが終って、佐藤信さんから一緒に劇団をやろうと言ってくどかれた。が、彼等と共に、芝居製作のポジションを担っていく自信は到底なかった。私は必死に佐藤信さんのくどきから逃げまわり「俺が落とさなかった者はいない」とまで言われたが、ついに逃げ切ったのである。あれは一体何であったのだろう。

一九六八年、八木柊一郎作『坂本龍馬についての一夜』、安部公房作『友達』（再演）、矢代静一作『蝙蝠』、『夜明けに消えた』、イヨネスコ作『禿《はげ》の女歌手』、合同公演『ペール・ギュント』とすさまじい作品ラッシュが続く。『蝙蝠』が私であと全部が金井彰久であり、この全てに製作助手としてついていた。

この頃になって前にもふれたが戯曲はいいのだが、舞台成果が今いちである、という評価のされ方が変わっていった。

『友達』（六七年）初演時、原稿とり最後の追い込みは金井と二人、安部さんの家に張り付いていた。そして「完」の一枚を持って二階の書斎から顔面は青ざめ蹌踉とした足どりで現れた安部さんの姿は、忘れられない。創造現場に立ちあう演劇製作者の、これほどの幸福はない。

そろそろ先をいそがなければならない。

劇団が大きく動き始めたこの頃に演劇学校を始めている。劇団が自助努力で俳優、プランナーの養成を始めて久しいが、学校という性格を持つ規模にまで広がったところに意味があり、六九年に今の代々木八幡に移り、劇場を持つ劇団となって養成部門はいよいよ充実し、ここから役者のみならず演出家や装置家、そして製作者が育ってきたのである。ともあれ七五年までは金井彰久と私の二人が演劇製作のほとんどをやって来た。

芝居の本数が多く旅も増える。製作経営部は一九七四年映画放送と製作部となり、独立したセクションとなって部員の仕事は、一本の作品の現場追及の多様化、厳しさは観客動員に追われる日々である。公演切符のさばき、旅公演の仕事、青年座機関誌発行、青年座ユースの会立ち上げ、予算管理と、ものすごい量となっていった。とりわけ今日では、国の文化助成のシステムが大きく整備されて文部科学省の中の文化庁予算は、二〇〇三年に千三億円という大台にのった。日本芸術文化振興基金は更に発展し、一九九六年に実施されたアーツプラン21の芸術創造特別支援事業採択団体となって、決まった金額を三年間にわたって助成を受けることとなった。このための事務的な仕事は大変なもので、こうした仕事を確実にこなし、かつ役所や地方行政とに関する仕事もどんどん増えてくる。いわゆるアーツマネージメントと言われる製作分野のひろがりにも対応していかなければならなくなった。この演劇界全体の流れの中で、部員は一人増え、二人増えして現在は八人となり、まだ人が必要ないきおいである。しかし演劇製作の地位が向上し、目指す人達も当たり前のように増えてくるという時代になって、世の中一般の職業として正当な評価を得、個人の収入においてもそれに比して立派に人並になったか、というと、まだまだ追いついたりしてはいない。

最後に記しておかなければならないことに、海外公演がある。古くはフランス、ナンシー演劇祭に遠藤琢郎作『極楽金魚』で参加以来、青年座は積極的に海外に出て行った。そんな時も、基本的には専門の業者にまかせることはほとんどせずに、製作部員が主体的に行動してきた。そして文化庁の海外研修にも住田素子、森正敏を派遣し勉強の機会を与えることも出来るようになった。

代々木八幡時代に入って三十四年になる今、五十周年を迎える製作部員は、演劇の現場の最先端に立って奮闘これ努めていることは言うまでもない。

製作部長の森正敏は青年座研究所の出身で、彼が卒業後芝居にかかわる仕事をしていて青年座製作部に機会を得て入った時、初任給はアルバイト等で生活を支えていた時の収入金額の半分だった。すでに家庭を持っていた彼にとっては、どれ程の苦労があったか。しかし彼はいっさいそのことを口にしなかった。つい最近私が知った事実である。現在製作部は住田素子、田森敏一、紫雲幸一、佐々木聡一、中川玲子、二唐祥子のメンバーが活動している。ベテランから新人まで、青年座の芝居とともに苦楽をともにしている。すでに、ふと立ち止まって後ろをふり向くような年限を重ねた製作者もいる。五十周年をこえてしまった今、我われ製作者の上に何が起こるかわからない。しかし、なくてはならないポジションとして、益々強く大きな責任とプレッシャーがかかってくるに違いない。事実、青年座初登場の作家が次々に出て来て、若い演出家と製作者の共同作業は鮮度のあふれる舞台の出現につながっている。個性に満ちた青年座の製作者達とも評される彼等は、皆誇りを持ってこれに打ち込んでいる。彼等の存在があって、この五十周年を迎えた、とあえて言い放つ私。

劇団が演技部、演出部、文芸部、製作部そして研究所、青年座映画放送株式会社と、それぞれの部署が確立されればされる程、その専門制が問われる。従って厳しい評価のもとに青年座の創造を追求しなければならない。代表森塚敏は創立時、五十年も続くなど考えもしなかった、と言った。

しかし、私達は、それを実現した。明日の演劇のための、本物の製作者がいよいよ求められる時である。

（『テアトロ』２００４年８月号／カモミール社）

I

1999 年、ブンナ公演会場のセシオン杉並ホールで水上勉氏（右）と

岐路——私たちは行く

鉄人、王貞治がハンク・アーロンの記録を抜いて世界一のホームラン王に、秒読みが始まって日本中が沸いていた一九七七年の夏。東京のある家庭に思いもしなかった大事が出来する。町内会の懇親旅行に夫と五人の子どもを置いて出掛けた妻が、心臓麻痺を起し急死したのだ。

二年前、青年座五十周年記念公演第二作。青年座劇場満員の観客を前に、悲嘆にくれ号泣する夫の声とともにショッキングな幕を開けた『夫婦レコード』は、生きる事実を笑いと涙とユーモアを混じえ赤裸々に描いて、すがすがしかった。

『夫婦レコード』。注目されていた若手劇作家中島淳彦氏が青年座に初めて書き下ろした。夫を演じた湯浅実が何年も前から気にかけていて、出来ることなら青年座に彼の新作を、と思っていた。演出家黒岩亮は中島作品の演出も手がけており、彼が本公演に企画を提出した。二人の思惑は見事に実現し、青年座五十周年記念の年を飾ることになった。

いつも言うことだが芝居は生ものである。観客を前にして始めて成立する。そして又成功作の多くは観客の下す評価による。その上で劇団は再演、旅公演と未知なる無数の観客を求めて活動する。初演から二年後にそれが現実になった。ところで今年七月のある日の朝刊の一面、スポーツ新聞の全紙に王貞治氏の胃ガン発病入院の記事が出た。中島さんが構想したシチュエーションの時代性は重要である。『夫婦レコード』がメデタク旅に出る晴れがましい年の夏に、王氏の入院など考えてもみなかったはずだ。

実は昨年の五月二日(すでにこの時には今年八月の『夫婦レコード』旅公演は決っていた)、湯浅実が府中の病院で心筋梗塞を起こし倒れた。その日は青年座五十一周年、内輪のパーティが行なわれ、終って帰宅しようとしていた途中に一報が入った。たまたま病院が家から歩いて十分たらずの所で、とにかく病院に直行した。すでに大手術が終り彼は集中治療室に入っていた。気の弱い人は卒倒しかねないひどい状態であった。日付は変り三日深夜、容態はのっぴきならないことになり御家族も私も最悪の場合を覚悟した。しかし、最後の最後の治療の結果、持ちなおした。何んとすさまじい生命力。

その後懸命の努力で彼はメキメキ回復した。しかし『夫婦レコード』再演に出ることはさすがに叶わなかった。そして夫の役は津嘉山正種に託されることになり、まさに今稽古たけなわである。津嘉山も病気を克服し、舞台に立ち続けていた。芝居はこういう所で生まれ上演されているのである。

前回御案内した赤堀雅秋作『蛇』の初日五日前、六月十九日、創立者の一人で劇団代表森塚敏が七十九歳の生涯をとじた。突然というか、こんな書き方しか出来ない自分に腹が立つ。今思えば晩年である。昨年の暮れ、永井愛作『パートタイマー・秋子』の旅公演をしていた。しかもこの十一月にも出て行くことになっていた。ところが今年になって四十年来かかえていた胃潰瘍が悪化し、加えて十五、六年前に発病した肺気腫が進行し、ついに入院治療をしなければならなくなった。シャイでダンディな彼は病院に人を寄せつけなかった。どれ程座員や他の関係の人に親われていたか。それは重々承知しつつ、私は意を汲んで、いっさい面会をさせなかった。そして、別れはまさかこんなに早く、あっと思う程に急だとは。彼のお姉さん、一人娘と私の三人が、かろうじてという感じで臨終に立ちあった。これで良かったのか、ずっと私の煩悶はつづく。

森塚家の葬儀が六月二十二日中野のお寺で行なわれた。通夜に、死の淵より帰還した湯浅実が奥さんにつきそわれ弔問にかけつけた。あの一年前の光景が脳裏に走り、今、目の前に展開されていることが信じられないのであった。

生と死はとなりあわせ、とは言え青年座はもとより演劇界にかけがえのない森塚の死に立会ってみると、「何故だ!」と言うしか言葉がない。

私達は『蛇』公演を打上げて、七月七日彼が指揮し作った青年座劇場において、全国からかけつけて下さった演劇鑑賞会の方々、青年座を観つづけて下さるお客様、多くの演劇人の皆様の御参列をいただき、「故座長森塚敏青年座葬」をとり行なった。大きくあいた心の穴は全座員の胸にあることだろう。しかし、我々は舞台に向う。

『夫婦レコード』は夢想もしない最愛の妻、母の死に直面した家族の悲喜劇である。

彼らは生きて行く。青年座もまた。

(青年座公演案内同封の「ご挨拶」〈以下同〉、2006年8月1日)

風は過ぎ行く

「THE 青年座ユース」の会にご入会いただいている会員は、八月の段階でサポート会員三百二十二名、フレンド会員百三十三名、計四百五十五名である。一万五千円の会費で青年座の本公演を一年間観ていただく。劇団の命脈を握っている最も大切な会の消長に神経を尖らせる。

今年のご案内パンフレットに森塚敏は「風」と題する一文を書いている。彼は中学生時代に徳冨蘆花の随筆『自然と人生』の中の「風は過ぎ行く人生の声なり　人はその声を聞きて哀しむ」なる一節を訳も分らず口唱していた。そして傘寿を迎える年になり、急にこの事を思い出し、その意味を「風は見るとか聞くだけの存在ではなく、直接私の肌を刺し、震わせ、くすぐり、醒めさせ、寒暖と共に日常の感触に関係の深いものとなって」「年を積む程に」「人間の五感の中に滲みこんでいく風は、まさに人生の声といって良く、人はこの声を聞いて哀しむのである」と読みとる。時の移ろいを然りげなく表して見事である。

彼は今年十月一日、八十歳を迎える事を楽しみにしていたのに、突然風のようにこの世を去った。私は夏の盛りの一日、あらためて目を通し「風」を彼の絶筆と思い、しみじみと味わう。そして、劇団の活動は九月『夫婦レコード』に続いて十月には『ブンナよ、木からおりてこい』が始まる。ぜひ劇場においで下さいと、私はユース会員の皆様に左記の一文を書いた。生きるものはまだまだ生ぐさいお願いごとに精を出すばかりである。

七月三十日に東京の梅雨が明けた。言われてみれば、日に日に湿度が下がり真夏の陽光は容赦なく満天下にふりそそぎます。

春、五月ブンナは夢にまでみたお寺の庭の池のほとりにそそりたつ椎の木のテッペンに登りました。誰もなし得ない快挙に酔ったにちがいないブンナは、やがて来る強烈な夏の日差しにどう対処したのでしょう。などと、あらぬことを考えながら、六年振りにスタートする『ブンナよ、木からおりてこい』のご案内をしようと思います。

一九七八年四月二十八日、青年座劇場で産声をあげたこの舞台は以来二十八年間、篠崎光正、宮田慶子、鈴木完一郎の演出によって、その時代と真正面に向いあい、同時代を生きる観客とあいまみえ、二〇〇〇年の九月、十月、ニューヨーク、ソウル公演を終えて千百二十三ステージを数えてきました。これ程、息の長い上演が続くとは、ほとんど誰も考えなかったのではないか、と思う程に、これは大変な出来事です。一つの作品を三人の演出家が創る、こういう創造のあり方もかつてないことであり、こうした劇団のこだわりをずっと見守ってきて下さった水上勉さんも二〇〇四年九月八日にこの世を去りました。

目を転じて、昨今日本全国、いたる所で発生する親と子、青少年をまじえた殺伐として悲惨な事件は、目を覆うばかりです。「人の命」がこれ程、軽々しく、もてあそばれる時代に私たちは直面しています。

しかし残念ながら今に始まったことではない、というのが実情です。こうした中で私達の『ブンナよ、木からおりてこい』はお互いが手に手をとって助け合い、生命の尊さ、生きることの素晴らしさを伝えてきました。それは高見からの説教などではなく演劇の持つ豊かな表現を一つの劇空間に共有することでした。

そして時代はどんどん進み、私達が創り続けてきた手作りの演劇はその存在の重要性が叫ばれながら、決して恵まれた場所にありません。だからといって第四次のブンナ登場までの六年という月日を無駄にしてきたのではありません。冬眠は必要だったのです。

演出家黒岩亮は、青年座のみならず各方面に出かけて精力的に仕事をし、満を持してブンナに向かいます。この若さとエネルギーにあふれる才能のもとに集まるスタッフ、キャストが創り上げる『ブンナよ、木からおりてこい』は、この秋、必見の舞台となるでしょう。と申しますのも、最近ブンナを観たいと言う声が方々から上がってきており、その要望に耳をかたむけてまいりました。

人間がだんだん住みにくくなってきた今だからこそ、一緒に手をたずさえて、第四次の『ブンナよ、木からおりてこい』誕生を実現しようではありませんか。

（２００６年８月21日）

「実り」と「祈り」

十月十四日から二十二日まで下北沢本多劇場で上演された『ブンナよ、木からおりてこい』の初日は、文字通り固唾を呑む思いであった。第一次、二次、三次ブンナを観た人達もたくさん劇場におり、同様の気持ちをもたれたのではないだろうか。それ程注目度の高い舞台はそうあるものではない。ほぼ満員の劇場は緊張感があふれ、重々しいとしか言いようのない幕開きであった。演出家黒岩亮が真正面から水上勉さんの哲学にぶつかっていった舞台は、いっさいの遊びを排しぐいぐい押していく。「俺のブンナはこうである」。演劇評論家大笹吉雄氏はいち早く朝日新聞十月十九日付夕刊に評を書いた。三次までに千回を超えた作品を新たに演出家を立てて挑む、ブンナの実情を「演出家もそのたびに代わっている。だから定型があっての上演ではない。」「その上で言うと、初見の人もリピーターも、ともに楽しめる仕上りになっている。つまりこのバージョンでのロングランも可能だ。」そして今度の舞台の特徴を述べたあと「原作の生命の連鎖という美しい『祈り』が、そこなわれているわけではない。息を引き取ろうとするネズミが、死後の自分の体の中から虫が飛び出すから、それを食べて命をつなげとブンナに告げるシーンには、胸を打たれる。」とても素朴な感情を披瀝し、最後にキャスティングや照明（中川隆一）、音楽（和田薫）も、工夫があると書いてしめくくっている。

大笹氏と打合わせをしたわけではない。これ程自分の想い、いや願いに近い劇評に出会うとは思ってもみなかった。事実お客様にも、座員にも、「これは違う」と反発する人は多かった。しかし、私は、その声が大きければ大きい程、内心「シメタ」と思うのであった。

演出家を代えることの意味を厳密に論じてきたわけではないしその立場でもない。しかし劇団が打ち出した基本、時代とともに生きていくブンナに忠実であろうとする意思にささえられての結果だ。たくさんの課題を持って終った『ブンナよ、木からおりてこい』は来年からが勝負であり、製作者を中心に劇団が一丸となって取組んでいかなければならない宿題をかかえたことになる。

さて十一月に入ると長谷川幸延作『殺陣師段平』、永井愛作『パートタイマー・秋子』が旅に出る。青年座自信の二作は、稲刈りにいそがしい田園風景を追いながらの旅、まさに実りの秋である。

十月末、二年に一度の全国演鑑連第三十七回総会が行なわれた。前回同様、来賓挨拶を述べた。二年前が、つい昨日のように感じつつ、今の思いを簡単に語った。十年ほど前に二十八万六千余名だった会員が二十二万台に減少している現実を前に言う言葉がない、という心境であったが、共に歩んで来た重要なパートナーの前でそんな弱音を吐くわけにはいかない。私は力をかぎり「我々の芝居を！」と芝居を愛する言葉にこめた気持ちをぜひ共有したいと思う。二日間の討論のあと彼等は全国に散っていった。健闘を！

今年もあと二カ月である。十二月、三年目に入る『有馬稲子と五つの楽器による語り　はなれ瞽女おりん』を俳優座劇場で上演する。水上勉さん三回忌の年。我々は冥界の勉さんに一方的に語り続けて、横須賀、三島、京都にも行く。昨年の三越劇場公演は大博打であった。あの時程うれしかったことはない。私の窮状を察して下さり、多くの方々がかけつけて下さった。有馬さんの名演と演奏家の美しい音楽が舞台芸術の粋を創り出し、絶賛をあびた。その力強いカーテンコールが今年も実現する。これ以上の喜びはない。わずか三ステージを甘くみてはいけない、どうぞ俳優座劇場にまたのおいでを、お待ち申し上げております。

ところで一つ御報告を。私は今までたびたび書いていました「走る」ことにこだわる自分に新たな行動を記しました。高校の陸上部の競技に出て以来初めての公式レース、「第二九回福井マラソン（ハーフ）」に出場。十月一日、黄金色と純白、米と蕎麦の実りにコスモスがゆれる越前の田園を二十一・〇七五㎞完走しました。ハーフ走者全体七百四十九人中、二百七十六位、五十歳以上の部二百十九人中、七十四位。記録一時間四十五分。一㎞ギリギリの四分台で、これはまずまずのタイムだろう。六十五歳年金受給記念と青年座代表森塚敏八十歳の誕生日記念であった。彼はその日に三カ月ちょっととどかなかった。無念の想いがあったと思う。私の森塚敏追悼マラソンでもあった。

（2006年10月31日）

「聞いてくれ」、かくて新年を

青年座劇場に座員が集まりだし二〇〇六年青年座「忘年パーティ」の準備が始まった。楽屋と厨房、第一教室、それぞれの役割りを担った者達の動きと出で立ちをみれば、何をどうしようとしているかがわかる。芝居の仕込開始の様子に似ている。キビキビとした張りつめた気持ちが伝わってくる。

十二月二十五日午後六時半、お客様が会場となる青年座劇場にあふれる時、今年最後の劇団行事の準備は終る。

「行く年、来る年」という言葉にある感慨を持って新鮮に反応していたのはいつ頃まであったろう。どうも最近そうした気分にとんとならないのである。問題だなと思っている時、沖縄から訃報が届いた。近年青年座の沖縄公演はコンスタントに続いて、十二月十二日、長谷川幸延作『殺陣師段平』が終ったばかり。津嘉山正種の御当所、彼の主演作あっての公演と言える。ところで、実際に迎える側となると並大抵のことではない。その中心になって奔走して下さった方の一人がおなくなりになった。製作者紫雲幸一は公演の現場を一手に引受けていて、すぐにも飛んで行きたい、と言う。しかし、そうもならない。とにかく、いそいで紫雲の意をうけ弔電を考える。二百字にわたる弔意をつづる。

二階にある製作部、映画放送株式会社の部屋も演出部、ロビー、会議室も騒然としてきて、いよいよお客様をお迎えする時間が迫ってきた。極端にいえば劇団活動は観客あってのものでそれ以外の何物でもない。その最も大切な、緊張さえともなう開宴の時間がやってきた。毎年委員を決めてそれぞれに工夫を凝らすパーティは順調にスタートした。例年、代表森塚敏の挨拶は自然流と言うか、あふれ出る人間味は長年培ってきた芸にささえられ一種いいがたい魅力を持っており、座員もお客様も楽しみにしていて、わずか数分のスピーチで盛り上がる。今年もありがとう、来年もどうぞよろしくとの雰囲気がかもし出される。目玉を失う、とはこういうことだろうか、私が出て最初の挨拶となったが、まさに様にならない。しかしみっともない後向きの姿勢ではこまる。いや難かしい。

年間の座内表彰を中心にして今年は石井揮之の餅つきショー、蟹江一平のミニコンサートと若さが前面に出て好評であった。いつかきっと青年座劇場に入り切らない会員があふれる会にと欲ばっている。

かくて新年は一月に、山本周五郎作、小松幹生脚本、高木達演出『深川安楽亭』が池袋の東京芸術劇場小ホールで上演される。御記憶の方がいらっしゃると思う。青年座五十周年記念公演、下北沢五劇場同時公演の「ザ・スズナリ」を満員にし、連日感動の涙をしぼった作品が東京芸術劇場が行なっている「現代舞台芸術セレクション」の選に入り、東京公演が実現し、夏には全国演鑑連近畿ブロックを旅することになっている。下北沢を青年座一色に染めたお祭りさわぎの中から青年座の実力が目にとまり、『深川安楽亭』は右代表という感じで動き出すことになった。あの五作品の一作、一作にこめられた青年座魂の発露を昨日のことのように思い浮かべる。

私は山本周五郎の熱心な読者ではないが映画を通して忘れがたい思い出の数々を持っている。ただ演劇にかかわってからは苦い思い出がある。週刊朝日に連載された『さぶ』をどういうきっかけから読み始めた。毎週あれほど待ちどおしかったことはない。完結する前に私は悶々と胸にあふれる熱い友情の物語『さぶ』は絶対に芝居になるので、何んとか手だてはないものか、思いめぐらし、先輩に相談した。しかし返ってきた言葉は「それは無理だ、どうせメジャーなところが押さえるに決っている」から無駄だ。私にはこれをはね返す知恵も言葉も経験もなかった。さぶと栄二の生き様が無念にも宙に浮いたまま、未だに記憶のみが残ることとなった。

『深川安楽亭』に登場するはみだし者の青春も小松幹生会心の脚本により忘れがたい舞台となった。〝男〟が終幕、語る相手をみつけ「聞いてくれ」と吐き出すことばの悲痛な響きには安楽亭に蠢いていた人間総ての哀しみが重なるのであった。演じた役者たちの、なんと素晴らしかったことか。

（2006年12月28日）

再演をみつめる。それがうれしいのです。

二〇〇七年劈頭をかざる青年座公演は、池袋東京芸術劇場・小ホールでの山本周五郎作、小松幹生脚本、高木達演出『深川安楽亭』再演でした。一月二十七日夜、追加一回という盛況、こいつあ春から縁起がいい。池袋での本公演は創立四拾周年記念、池袋駅西口に大テントを建て上演した矢代静一作、鈴木完一郎演出『つくづく赤い風車』以来、御記憶の方もいらっしゃると思います。もう十二年前のことです。

今年のレパートリーに再演が多いのはそれぞれ事情があります。『深川安楽亭』は「現代舞台芸術セレクション」の選に入ったことはすでに書きました。そして夏に関西方面の旅公演が予定されています。今回御案内する鈴木聡作、宮田慶子演出『妻と社長と九ちゃん』カメリアホール公演も、主催者に財団法人江東区地域振興会が入っています。このように劇団の単独公演――手打公演とも言いますが――のもちかたには、広く主催、共催といった形の支援を受ける傾向が今後ますますふえ、むしろどんどんそうなっていかなければならないのです。

カメリアホールの『妻と社長と九ちゃん』は、四百の席で四回、満員にするのは楽ではありません。引き続いて全国演鑑連の最大ブロック、九州に旅立ちます。劇団にとってこれ程心強い公演の展開は再演をみつめる。それがうれしいのです。

ありません。今日の演劇状況において、劇団が劇団として活動し、機能していくにはこうしたかたちを常に追求していかなければならないのです。芸術的な高みと経済の追求はとても微妙な不離不即のものです。ここに観客という、我々にとって絶対の存在を組みこむことによって演劇の今が、はっきりとあぶり出されます。

さて、再演についてもう少しふれます。紀伊國屋ホールで劇団俳優座が八木柊一郎さんの『国境のある家』を上演し話題を呼びました。公演ナンバーは二百八十五回、さすが本家。「八木柊一郎追悼公演」のクレジットは胸にせまる。二〇〇四年六月十四日、八木さんは俳優座に書き下ろす作品に取組んでいる最中におなくなりになった。関係していた人達にとってどれ程の衝撃であったか。その後のいきさつはともかく、八木さんはもしものことがあった時は『国境のある家』を演《や》ってくれ、と申し伝えていたらしい。

この作品は青年座の初演、一九八七年十月二十三日〜十一月一日、本多劇場で、この年の文化庁芸術祭賞を受賞、京都、大阪上演をし、一九八九年に再演、神奈川県下を巡演する。書き下ろし作品がこれ程のテンポで活動したケースはめずらしく、八木さんの戯曲、青年座の舞台がいかに高く評価されたかの証し、観客が大きくあと押しをしてくれたのです。そして作品は著者のもとに帰り、二十年の後に上演したことになる。一月二十九日その舞台を観ていると、昨年七十九歳で逝った「老人」を演じた森塚敏、「中年の男」を演じた大塚國夫——彼は再演の途中で癌のために役を下り、三カ月とちょっと、五十五歳でこの世を去った——、そして六年前に逝った製作者金井彰久、八木さんをまじえた四人が何んとも言えないいい笑顔をして私を見詰めているのです。「かんべんしてよ」と思わず叫びたくなった。八木さんが描いた作品世界は色あせるどころかますます強い光彩を放っているのです。それがうれしいのでしょうか。

一月十八日ホテルニューオータニで第四十一回紀伊國屋演劇賞の授賞式があった。対象作品は『妻と社長と九ちゃん』ではなかったが、鈴木聡さんが見事個人賞をとった。当然の受賞である。受賞のコメントといい立居振舞は自然で見事、二月早々の稽古が楽しみだ。私はその辺をからめて御挨拶をした時、貫禄さえ感じ、〝九ちゃん〟が大きく羽《はば》き《た》日本中を旅する光景を思った。三月、四月の九州ブロック上演は初演の翌々年に当り、いちはやく「観て確かめた」九州の皆様の目の高さを証明しなければならない。そのためにもカメリアホールの四回を満席にすること。

今年は本当に暖冬ですね。昨年一月二十三日、雪にぬかるんだ野川公園を走ってころんで右鎖骨を折り、一年が過ぎました。これがきっかけではありませんがマラソンレースに出るようになり、今では「競う」人です。二月四日に青梅マラソンに出ます。三十km、高地マラソンに近いと言われていますが、どうなることでしょうか。欲ばって三時間を切る、つもりです。

(2007年2月5日)

東の風三メートルの中を

昨年十月一日、郷里の新聞社が主催する「福井マラソン」に出場したあとで記者のインタビューに答えて、「今度は東京青梅マラソンに出場して次にフルマラソンをやります」と自他ともに宣言するように言い切った。

四月十五日、日曜日朝十時、霞ヶ浦の畔、土浦市川口運動公園陸上競技場をスタート。第十七回かすみがうらマラソン兼国際盲人マラソンかすみがうら大会フルマラソンの部に挑戦した。前日東京は二十五度にもなる暑い日、そうなったらどうしよう。不安はそれだけではなく二週間程前に左足小指をひねり、おまけに風邪も引いて体調は今一つであった。

しかし走り出した。三度目ともなると芋の子を洗う状態も慣れ、参加者の意気込みや興奮が直に伝わり、ムンムンした大集団の中、静かに、個的世界にひたる。この感覚が好きだ。相手はあって相手はない、自分以外我れ関せず、と言うのだろうか。スタート地点に立つまでのコンディショニングは上々、だんだん気持ちがのってきて、うれしいという気持ちがじわじわと沸きあがり、道案内の少年、少女達ボランティアのかけてくれる声援が胸底に火をともす。

気温十四度、晴れ、東の風三メートル。

あまり考えた事はないが、フルマラソンにまでたどりついて思った。「何故走るのだろう」。子どもの頃から好きで小、中、高校と学校時代はそれなりに速かった、と言っても、それ以上のものでもない。自分が演劇製作の世界に入ってすぐに走り始めた、と言うのでもない、気がつけば朝歩き、軽くかけ足をくり返し、旅公演に出ると仕込、バラシ、移動の連続の中にも、その気にさえなれば走る時間を作り出すことが出来た。こうして昔の走力をとり戻し、距離も伸びていく。そうなると肉体的に変化があちこちに現われ、新陳代謝が活発になり、精神にも鮮度をもたらす。とりわけ前日に口から入れた物は次の日朝確実に排出する。生活習慣は一朝一夕になるものではない。

私達の仕事場は基本的に夜の商売という側面が強い。「おはようございます」は朝も、夜も、昼も使う挨拶。一応ある劇団常勤者の勤務時間は早番が午前十時から夕方六時、遅番は午前十一時から夜七時であり、その他スタッフ、キャストは舞台の本番、稽古、旅とその時間は様々で、したがって製作者の決められた勤務時間はあってないようなものである。勝手気儘にそれぞれの生活があり、そうしたものを引きずって芝居の現場に現われる。どの世界でもさほど変るものではないとは思うが、他人が休んでいる時に懸命に働いているといった印象が強い。その中で走りを習慣づけた自分に「何故」の理由はみつけることが出来ないのである。

ともかくフルマラソンは正直きつかった。とりわけ三十km以後はガクンと走力が落ち、後続ランナーにどんどん抜かれた。初マラソンの福井ハーフでも、青梅の三十kmでもこれ程ではなく、後半数kmは抜きつづけた。

青梅が終了して丁度七十日、その間四十km走は一度もやらずレースの疲れをとりつつの調整程度。フルを甘くみた証拠だろう。若者の肉体は強い、フォームもクソもない、その力強さをいやという程みせつけられた。自分が年を食っている、気力をふるっても足が前に出てこない。女性ランナーにもやられた。惨敗の気分であった。ただ年上と思われる人は十人くらいがせめてもの救いであった。それよりまず最初に書かなければならないことがあった。盲人ランナーと一緒であったことは刺激的で、彼等は素晴らしい。どのようにしてあの心身を作ったのだろうか。

悔しまぎれではあるが一応完走証のデータを記す。オフィシャルタイム三時間五十四分三十八秒、プライベートタイム三時間五十二分〇三秒、総合六千五百八十五人中千七百三十位、六十歳以上の部七百二人中百十七位。想定タイムを十五分程下まわる、ああ！

土田英生作『悔しい女』が始まる。六年前の初演は高畑淳子主演の笠原優子に観客は驚き、あきれた。「こんな女性っている!?」と高畑淳子の演技に釘付けになった光景は忘れられない。彼等はその強い衝撃をもろに感じながらはじけるように笑ったのだった。再演は那須佐代子が。高畑はテレビの『夫婦道』の主役、那須は始まったＮＨＫの朝ドラ『どんど晴れ』のレギュラー出演。こんなタイミングで上演される青年座の本公演はめずらしい。テレビと芝居の違いを感じながら『悔しい女』を観ていただく。一新されたキャストによる新鮮は我々の日常に大きなプレゼントをもたらすと申し上げる。

（２００７年４月19日）

ゴールのない旅

劇団の玄関前に小型トラックが止まり、製作部員達によって劇場の入り口に置かれた旅に出る〝ブンナ〟の荷物を縫いながら、次々に荷が下ろされているところに出くわした。私も手伝う。一梱包二千枚のチラシは重い。製作者を中心にして何人もの関係者が意見をたたかわせて仕上げていった過程が透けてみえるような、中島淳彦作『あおげばとうとし』の宣材。『有馬稲子と五つの楽器による語り はなれ瞽女おりん』の杉並公会堂用、ハーモニックホールふくい公演用と三種類のチラシをながめ、下半期のスケジュールに想いを馳せる。とにかくあわただしい。

今『ブンナよ、木からおりてこい』の稽古終盤であり、この組が九月二十一日に上海に向けて発ち、南通、北京を公演して帰り一週間後には〝おりん〟が福井に向う。そして浜松から帰ると『あおげばとうとし』の稽古が本格化し、十一月十六日劇団青年座第百九十回本多劇場公演が始まる。私は中国、福井、浜松に行くが、本当に大忙しは担当製作者であることは言うまでもない。さて、このたびの『ブンナよ、木からおりてこい』の訪中は、二十六年前の日中文化交流協会による第三次訪中以来である。日本中国国交正常化三十五年と、日中文化・スポーツ交流年を記念し、日中文交と青年座主催の公演が招かれて行くことになった。

四月、南通、北京に下見に行った報告は同封の「青年座通信」No.３８６に書いた。五年に一回ぐらいの感じで訪中し、そのたびに変貌する国の姿をごくごく一部としても驚異をもってみつめたことは今回も同じであった。一九八一年の中国、今の中国。黒岩亮演出による第四次ブンナがどのように迎えられるか、ちょっと予測がつかない。ここに中国側が作るパンフレットに寄稿した団長挨拶の一部を記しておきたい。「初演以来三〇年近くにわたって続けられてきた『ブンナよ、木からおりてこい』上演活動は生命の讃歌、小さく弱い生き者たちが手をたずさえて生きることの大切さを語る。このシンプルな劇的魅力は、その時代、時代の流れの中にますます発揮され、観客の支持を得てきました。」二十六年前に「観て下さった多くの人々は、今も中国の各地各界で、母となり父となって活躍されていることでしょう。二十六年という年月は、あのあと生まれた彼等の子どもたちが、大人になって自分たちの子どもを持つ、そのような時間です。」実際あの時に観た人に何人も会った。中国の演劇界の重要なポストについていらっしゃる。それを思うと、気が重い。しかし、スタッフもキャストの面々もそんな想いなどふっ飛ばすような舞台を創ってくれるだろう。

十月一日に帰国して、五日後の夕方、製作者の大先輩、映画放送株式会社社長金井彰久の七回忌を行ない、羽田発最終便で有馬稲子さんと小松に発つ。昨年十月一日森塚敏追悼マラソンと称して初出場した福井マラソンが今年は十月七日に行なわれ、これに参加し、〝おりん〟の有馬さんが私を応援する。そして九日がハーモニックホールふくいの〝おりん〟公演となる、その最後の宣伝ということである。ま、観客動員のためならば何んでもやってしまう。幸いマラソンも〝おりん〟も福井新聞社主催であれば、絶好のネタを提供することになるのではないか。

ともかく十月六日の昼は〝おりん〟の演奏家と有馬さんの芝居の最終合せ稽古が行なわれる。その後に出発することを承諾して下さった有馬稲子さんの想いも一人でも多くのお客様の前で演じたい、という欲求の発露である。体力、気力は大変なもので仕掛け人としては感謝いっぱいである。

ところで私は巨大な活字が踊った九月十一日、十二日にかけ時間をみつけてこれを書いています。内閣総理大臣が突如辞任し、病院に入院してしまいました。一寸先は闇とか、前代未聞とか驚天動地とか……とにかく国会が始まって所信表明演説が終ったばかりですから何んとも異常な事件です。これも日常、我々のドタバタも日常、人の営みと言ってしまえば、「ふざけるな」と顰蹙を買うことになるでしょうか。でも、同じ時間を生きているのですから――。

有馬さんがおっしゃった「あなた、走ったはいいが、（ゴールに）戻ってくるでしょうね」。誠に素朴なお言葉です。残暑厳しい今日この頃、御自愛下さいますように。

（2007年9月12日）

時の風景 二〇〇八・一・一

ずい分間があいた気がする。十一月の『あおげばとうとし』が終ってはや二カ月になり、あっという間に二月になってしまう。

「ちょっと待ってよ」とつぶやく。

演劇雑誌『テアトロ』と『悲劇喜劇』二月号にようやく『あおげばとうとし』の劇評が出て、好評のようです。青年座の役者が生かされて、創作劇の良さがよく出た舞台になった、と言っている。あの手の芝居は実は難かしい。ま、楽な舞台などありはしないのだけれど……。

素朴に芝居と向いあっている姿が目に浮かんで、本多劇場がとても気持ちのいい場、空間に仕上っていた。御覧下さった方々に一人一人手をとって御礼を申しあげたいところです。

年末上演された演劇人育成公演『わが家』『みごとな女』は森本薫の二十代前半の作品ですが、本当に見事なものです。何かに妨害されたり、時局にわずらわされたりしないところで劇作に集中している、その様、時間の風景はちょっと現代人にはとらえがたいスケール、そんな気がするのです。この後文化庁芸術団体育成支援事業の霜康司作『帰り花』は新作、音楽劇とうたわれています。いずれも国のお金で演劇人を「育成」しようという主旨です。両公演の違いについてここで説明する事はさておいて、いずれも税金がこのように新劇の現場に注入されるようになったことを御理解いただければ、と思います。良く「観てなんぼのもんじゃい」などと言いますが、これはもう創る側、観る側にあい通じる真理であります。

青年座劇場を何もない空っぽの空間には決してしない、それが私達の活力と言えましょう。

二〇〇八年一月一日がそれからまもなくやって来ました。

このところ毎度「走り」に触れているのですが、今年は元旦フルマラソンで新年事始めをいたしました。

私の住まいは京王線「多磨霊園」で降りるのですが、終電に遅れた時はJR中央線「武蔵境」か「三鷹」でタクシーを使います。そんな近間にフルマラソンのコースがあるなど思ってもみませんでした。

何か気分をかえて新年を迎えたい、ただそれだけが頭にヒラメキ、実行することにしました。気軽に、のんびりと「三鷹」駅北口の集合場所に出掛けました。居酒屋の社長の好意で使わせてもらったというビルの五階でしたか、そこに男、女まぜこぜで五十人程の人達が、受付でもらった手書きのゼッケンをつけたりして着がえをしているのです。出場者の名簿をみるとこれはすごい、稚内とか新潟とか、「えっ!」という所から百二十人ぐらいの人がエントリーしていて、条件は五時間以内、初マラソンは不可です。職業、年齢もごちゃごちゃで総じて高年齢の人が多く、しかも持ちタイムは高いのです。七十代で三時間四十分ぐらいの人がいます。

玉川上水に平行してある小さな公園がスタート、ゴール地点で、皆がそこに集まり記念写真を撮り、「第一九回玉川上水元旦フルマラソン大会」の会長は、「とにかく体に気をつけて下さい、もし万一の時、私は坊主ですから、面倒みますが、とにかく信号には気をつけて下さい」。とんでもない挨拶で笑ってしまった。公園の便所に入って最後のおしっこをしている時にスタートの合図があり、私はあわててパンツをたくし上げ走り出しました。

玉川上水を三㎞往復してサイクリングロードを一路、多摩湖に向い、そこをぐるっと回って元の道にもどるのです。何にしろ道路信号、電車の踏み切りとしょっちゅう止るのです。しかし多摩湖はアップダウンもあって気持ちがいい。ところが参加者が少なく、ほとんど一人旅で、コース通りに走っているかどうかが不安でした。後半になると疲れもたまり、信号待ちはぐんと消耗するのです。気温も下がりかけた頃ゴールしたのですが、自分の時計以外、公式タイムも聞かずに終りました。このワイルドなレースで得たことはタイムや順位などどうでも良く、自分の身体とのたたかいが第一である、と思ったことです。地元の人でしょうか、「あんた、元旦も走ってんのか！」「おーっと」と元気なおじさんだこと。くったくなく笑って走り去ります。それぞれの自己管理の確かさは、自分のマラソンに対する考えに一石を投じるものでした。

そして、一月五日新年顔合せがあり、六日に北京に発ち、「中国・日本演劇交流50年in北京」のシンポジウムに参加、二月三日に青梅マラソン三十㎞。そのあと二月六日にワシントンでオープンする宮本亜門氏のブンナミュージカルを観に行きます。今年も公私ともに多忙な年になりそうです。どうぞよろしくお願い申し上げます。

（２００８年1月吉日）

夢と現《うつつ》、次の出番を待ちながら

ずいぶん古い話になる。確か紀伊國屋ホールで西島大作、石澤秀二演出、初井言榮主演『謀殺――二上山鎮魂――序曲と終曲のある3幕』を上演した時、ホワイエでえらく威勢がよくポンポン言いたいことを話すおばあちゃんに会った。そのお人こそロシア文学者、翻訳家湯浅芳子さんであった。劇団仲間が毎年暮れに必ず上演するマルシャーク作『森は生きている』の翻訳者としてよく知られていた。青年座は創作劇の劇団であったから仕事上の関係はなかったが、東恵美子、初井言榮、山岡久乃などとは気のおけない関係があったようだ。湯浅さんは一九九〇年におなくなりになり、三年後に遺産を基に「湯浅芳子賞」が制定され毎年、翻訳劇の上演団体と翻訳者、脚色者に助成金を贈ってきた。数ある賞の中で、このように対象を限定、しかも地味なあまり恵まれたと言えない分野にこだわった賞はめずらしい。それにしてもソ連時代に留学し女流文学者として活動されてきたとは言え、それだけの資金を良くぞ遺されたものだ。ところが今年第十五回をもってこの賞は終ることになった。ついてはその贈賞式に出席し祝辞を述べ乾杯の発声をしろと、「湯浅芳子の会」理事長伊藤巴子さんから連絡が入った。私は良く調べもしないでうかつにも「はい」と言ってしまった。大先輩から命じられたこと、受賞者は旧知の中村まり子さんの主宰する集団「パニック・シアター」、盛んに活動し目ざましい成果をあげている韓国演劇の石川樹里さん、メキメキ売り出し中の国際基督教大学教授岩切正一郎さんと言った顔ぶれ。そして、もう一つは裏方中の裏方である演劇製作者の集まる「日本新劇製作者協会」会長である私に、最後となった会にはなむけの言葉を述べさせようとの配慮があったのかもしれない。一回も出席したことがなく、その雰囲気も未知であった。事務局はその点を考えて過去のデーターを送ってくれた。仰天した。さきに「地味」と言ったが、受賞者は今も大活躍、バリバリの現役集団、芸術家であり、会の来賓祝辞を述べる人達もすごいのである。「しまった」と思ったが後の祭り。

三月二十四日アイビーホール青学会館に行くと、いきなり大きな紅い花のリボンを胸につけられ、舞台前の受賞者のテーブルに座らされた。そして贈賞式のあとパーティ会場に行くと、来賓者席に瀬戸内寂聴さんがいらっしゃる。お目にかかるのは小説家井上光晴さんのお通夜の席以来であった。

瀬戸内さんのお話は、何んとも見事。湯浅さんとの関係、人となり、文学者同士の交流の密度、驚くべき事実が次々にとびだし満場爆笑の連続。寂庵の法話もかくやと思わせた。私の隣にいらした小田島雄志さんがにっこりと、耳うちした。

「この次は、大変だなー」

原稿を持っているわけでもないのに笑いこけている場合ではない。四十分の圧倒的な独演のあとを受け、私は舞台に立つ破目になった。

この先は書く必要がないだろう。とにかく「乾杯！」と腹の底から発声し役目を終えた。それにしても瀬戸内さんの話された湯浅像、「言葉でいい表わせないとてつもない我がままさと吝嗇ぶり」なのに「交遊は続いた」。まさに、ついこの間始まったごとき湯浅芳子賞の濃厚な成立秘話に触れた思いがあり、消え行く賞にあふれる想いを語り伝えるために最後の会にかけつけて下さったのだろう。なかなかお目にかかれない二人の傑物にふれたことになる。

以上が最新の近況である。

四月十九日初日、赤堀雅秋さんの『ねずみ男』のことを話さねばならない。二年前の『蛇』は青年座劇場に新風をまきおこしたことは以前ふれた。芝居は人と人との間にしか成立しない。そして新作の評価というのも難かしい。

私の学生時代の同期、詩人八木忠栄氏からある時、彼の主宰する冊子『いちばん寒い場所』が送られて来た。そこに「雨のなかの蛇」という詩があった。何んと彼は赤堀氏の『蛇』を観ていたく感激したのみならず、猛然とわき上って来た創造の欲求に翻弄され、ついに一篇の詩をものした。劇作家は詩人であるとはよく言われる。若い赤堀氏の作品が詩人生活五十年にもなろうという芸術家の魂をとらえたのである。皆様に御披露出来ないのが残念だ。

新作『ねずみ男』はこれも意表をつく幕開きである。昨今は事実とフィクションの境いがみえない理解を超える現実が当り前になっている。それだけに本物の芸術創造との出会いが求められ、その成立現場に足を運び自分の胸のうちに引っぱり入れて楽しむ余裕が大切である。こうした時間こそが生活になくてはならないのではないだろうか。

（２００８年４月１日）

『評決』今を生きる証し

四月二十七日難産であった赤堀雅秋作『ねずみ男』は千穐楽《せんしゅうらく》を迎え無事終った。芝居は上演期間が終ると影も形もなく消える。

御覧いただいた人達の心のなかをのぞきみることは出来ないのは当然としても、何かがひっかかって残る。

三千人を越す人が劇場に足を運んで下さった。この事実だけをみても心底感謝しなければならない。思えばこんな手間ひまのかかる芸術行動を五十四年間続けてきた青年座である。すでに今年のゴールデンウィークが始まったと言われる五月一日、創立記念日を迎え、間もなく五月十四日青年座劇場で幕を開ける国弘威雄・齋藤珠緒作『評決』三演目の稽古が始まる。人の休んでいる時必死になって芝居創りに励む。この風景も創立以来変らない劇団のありのままの日常だ。

『ねずみ男』を観ていただいたばかりなのにまたお願いの便りは、さすがに気がひける。しかし、『評決』は『評決』である。今演《や》らなければならない作品なのだ。

初演は一九九〇年、この時日本の新裁判員制度が実施間近にせまる今日の状況など、考えもしなかった。日本にも陪審裁判が行なわれていたことを知ってびっくりする、といった具合だった。ただ陪審裁判を考える会が、陪審法試案を作って研究していた事実は調べていた。青年座が取組んだ理由はそのような観点よりも、裁判劇として圧倒的な評価を受け何度も上演されていたレジナルド・ローズ作『十二人の怒れる男たち』に対抗する面白い裁判劇が日本に出来ないのか、という演劇人の欲望に根ざしていた。演劇製作者故金井彰久と交際のあったプロデューサー赤司学文氏の企画『帝都の夜明け――昭和三年の陪審裁判』が、日本テレビ水曜グランドロマンでテレビ放映されたのを観て、これは芝居になると直感し、一年後に青年座劇場で初演された。なかなか出来ることではない。反響は予想以上のもので、演劇界にそれなりの評価もされた。

ある劇団事情があって二〇〇六年再演することになった。この時、二〇〇九年裁判員制度スタートが大々的に報道され、国はいろんな方法でキャンペーンを開始していた。同じ芝居は、時代の流れの中で企画がこの動きにのるようになった。

誤解のないようにしたい、再々演がそうした流れに便乗しようということで始まったわけではない。また国民が司法の場に参加することの意味を考えるためというのでもない。劇団が大事にしていた作品が我々の日常生活の前に浮上してきた、ということだ。ともかく時代と正面から向きあうこととなったすぐれた舞台を一人でも多くの観客に観てもらいたい、という素朴な願いだ。

連休が終ってぐったりしている人達の背中を押しても観てもらいたい『評決』である。

このあと劇団の本公演は秋十一月までない、その辺もっとうまい並びが出来ないのか、とのおしかりを受けるかも知れない。そしてもう一件気になっていたことを書いておきたい。

『ねずみ男』公演中二日間劇場に行かなかった。その日来て下さったお客様に御挨拶出来ず、申しわけありません。

四月二十日日曜日、昨年初めて走った「かすみがうらマラソン」の当日、私は三度目になるフルマラソンレースに参加することにしていた。スケジュールのあと先はともかく、私的な用向きを先行させたことになってしまった。もう一日は今年の正月早々亡くなった岡田文江さんを偲ぶ会が大阪で行なわれた。日本で最初に結成された新劇を観る組織「大阪労演」の創立者。昨年十二月、五十八年続いた会を閉じ、年が明けて九十一歳の生涯を終えた。何んと劇的な人生であったことか。私が二十四、五歳の時、青年座に入って製作者として初めて芝居とともに旅に出た地であった。関西には郷里を共にする友人がたくさん居て、夜な夜な仲間と飲み歩く。何にしろ当時は京都、神戸、大阪にかれこれ一カ月、このことはたびたびあっちこっちで書いてきた。あの青春は跡形もなく、もうすぐ六十七歳になる今、岡田さんと大阪労演がなくなってしまったことに言葉につくせぬものを感じている。

私がフルマラソンをやり出したことは、芝居と何んの関係もないプライベートとあえて申し上げ、昨年の記録を三十三秒縮め三時間五十一分三十秒で走ったことを記す。

『評決』今を生きる証し。その創造の現場に足、腰、背をしゃんとして立つための備えである、と言えば身勝手にすぎるであろうか。

（2008年5月5日）

夏がくれば一直線、マキノノゾミ三部作

印鑑証明を持って某銀行に行かなければならない用があった。が失念した。某日出直しとなり、午後三時過ぎ自宅の府中市白糸台に向った。京王線「多磨霊園」駅に下りて歩き出すと、ふっとある想念が。「ああ、あの時」。青年座が倉庫をさがしていて、ようやく白糸台にそれらしい物件をみつけ、世話してくれた座員で不動産の仕事もやっていたYさんと一緒にものすごい暑さの中、何んの変哲もない、人もほとんど歩いていない街並を歩いて下見にいった。小さな魚屋、和菓子屋、駅前通りの最初の信号の四つ角の寿司屋、薬局は今も同じだ。交差点に黄色い旗を持ったボランティアの七十がらみのおじさん。人は変ったろうが、同じ雰囲気で立っている。将来自分がそこにいたりするのだろうか。あの倉庫の二階に住みついて、今の住まいに変り、かれこれ三十年この地に住んでいる。

役所の支所がある文化センターにたどりつくと老人たち、子どもをつれた女性たちが何組も出入りしてちょっとしたにぎわいである。

ウイークデーのこんな時間に我が街に立つことなど、めったにない。めずらしい光景は生活感があるような、ないようなそれでいて妙に生々しく、居心地が悪く、そそくさと立ち去り電車にとびこみ劇団に戻った。「東京人」という雑誌がある。私はその東京人になって今年五十年、生まれて四歳まで

の分をたすと五十四年になる。

事務所の天井に備えつけられた巨大な羽根車がゆっくりとまわり、攪拌された冷風が降りそそぎ膝がしわーと痛む。ついこの間まで温風であった。室内は梅雨が終って夏である。そして私は六十七になる。おわかりいただけると思う。生活風景のあちこちに自分が老人と言われる年代に達したと感じる時を。この間など、電車で席をゆずられた。困ってしまう。二年前に亡くなった有名な演劇評論家は、明大の学生時代箱根駅伝で鳴らした方ですが、氏が六十代後半になった頃、女子高生に電車で席をゆずられ「無礼者」と怒ったそうです。御本人から聞いた話ではありませんが有名なエピソードで目に浮かぶ光景です。あなたは笑いますか、怒りますか。

六月二十九日、青年座劇場で千穐楽を迎えた文化庁芸術団体人材育成支援事業「次世代を担う演劇人育成公演」、主催㈳日本劇団協議会、制作劇団青年座、泊篤志・飯島早苗・倉持裕競作『喫茶店で起こる3つの物語　3 on 3』。長々と書きつらねた文字は、この公演の成り立ちを語るものです。どこかを読み落とすと意味不明になりかねません。

面白かったですね。昨年本公演で再演された土田英生さんの『悔しい女』は、初演の高畑淳子に変って若い那須佐代子が演じた優子という女性が現代の風俗により近づいて、紀伊國屋ホールを大いに沸かせました。この時の島次郎さんの大道具がまた好評で、演出の宮田慶子が、何かに使おうと言い出し、残しておいた。それをそっくり青年座劇場に持ち込んで泊篤志さん、飯島早苗さん、倉持裕さんに新作を書き下ろしてもらい三本を一気に上演してしまうというのです。演出家も青年座の若手千田恵子、須藤黄英、磯村純が競う。そして出演者は山野史人、泉晶子以外は総て若手の役者が配され、これに客演河内喜一郎さん、歌川椎子さん、星野園美さん、うんと若い名塚佳織さんたち個性あふれる演技者が加わって青年座の役者が見事な精彩を放ちました。『3 on 3』、三つの作品とは『コーヒーと紅茶、そこに入れるべきミルクと砂糖について』『リバウンド⊛チャンス』『鰻屋全焼水道管破裂』です。

青年座にもこんな名前の作品が登場した。意味があると言えばありますが、コウトウムケイと言えば、そうだなー。しかし、とにかく思い切りが良く、テンポは上りっぱなし、中途半端なところはどこにもなく、何んだ、ありゃあ、とあきれる人もあったのではないかと思います。注目すべきは百五十の入れもので十回上演し、プレイガイドと電話と当日売りのお客様で一回分は満たしたということです。つまり青年座劇場に若者が押しかけ、何んのためらいもなく芝居の中に飛び込んで来た。思わず吹き出すことしばしばでした。こういう舞台に出会っているとまず老けることはないでしょう。

夏休みを迎えます。それが終れば「マキノノゾミ三部作」に一直線です。そして私は八月三十一日北海道マラソンのフルに出て札幌を走り抜け東京にもどり、全力をかたむけ、皆様に観劇のお願いにあがります、御覚悟を！

（2008年7月7日）

晩秋、婉然と咲き競うマキノ三部作

また性懲りもなくとんでもないことを始めた、とため息をもらして過す日が多くなりました。十一月四日「マキノノゾミ三部作」の初日が完全に視野に入り、ぐんぐんせまって来るのです。

四年前になります。劇団青年座創立五十周年記念公演第三弾は、二〇〇四年十二月下北沢で本多一夫さんが展開する五つの劇場全部を借り切り、「下北沢五劇場同時公演」をぶち上げました。私の座右に、その時の日本を代表するグラフィックデザイナー佐藤晃一氏になるチラシがあります。見事としか言いようのない作品は、劇作家、役者、演出家、各プランナー、製作者、写真家たちの苦労の果てに形となって現れたものです。その美しさと、表記された多彩きわまる内容のすごさに、別の意味のため息がもれます。ご記憶の方も多いと思いますが、どうしてこんなことが可能だったのでしょうか。

過去の仕事の声価に満足してニンマリとしているのではありません。私は五十周年記念事業の最後にどれ程大きな経済的負担を強いられたか、思うだに恐ろしく、その轍を決して踏んではならないための戒めの意味もあって、ずっと手元に置いておいたチラシでもあります。芝居というものは本当に魔物、手におえない生きものです。しかし、せっかく創り上げた舞台は終ってしまえば何も残らない。創った人、観た人の心のどこかに残ってくれればそれが最高の幸せ、楽しみになります。が、それさえいつしか記憶の外に消え去ってしまう。つまり、「マキノノゾミ三部作」は大ヤケドの危険いっぱいの賭けでもあるのです。計画通り一万人のお客様が観て下されば一息つけるものの。

「…………」

記録的な「ゲリラ雷雨」が全国いたる所で大あばれしました。先日四国の友人と会った時、いま水不足が深刻なのだと言う。狭い日本とは言え世間は広い。ちょっとした町でも道路は舗装されており、捌け口のない水はあっと言う間に道を川にしてしまう。勢いというのはおそろしい。自分の頭の中はこんな深刻な話題から、ついはずれてしまう。つまり紀伊國屋ホール一カ月公演も持って行き方が当れば一気に満員もあり得るのであると。

京都で活動していたマキノノゾミさんが宮田慶子と組んで青年座に登場し、『MOTHER』を上演して「あっ！」と驚かせて十五年もたった。その後『フユヒコ』『赤シャツ』を生み出す。なみなみとあふれる才能を発揮し、完成度のきわめて高い作品誕生は一つの事件でさえありました。

芝居は世間が注目し出した時にはもう終ってしまう。観たいと思って下さるお客さまに、それではいついつに演《や》りますよ、とは簡単にいかない。これが東京で行なわれている公演の現実です。いわゆるロングランシステムはないに等しいのです。日本現代演劇の底の浅さと言ってしまえばそれまでですが。

一方この企画を劇団サイドに立って考えてみると、青年座は五十四年の座暦を持っています。その中で演出家宮田慶子の年代は第四世代に当るでしょう。彼女とマキノさんも同世代となり、劇団がいつまで続くか先は予測がつかないとしても、創造集団としては彼等の世代が中心となっていかなければばならない時代に入ったのです。

出演者も二〇〇四年の五十周年記念下北沢五劇場同時公演とは違って、各世代万遍にとはいかない。描かれた作品中心のキャスティングとなり、三本一挙に上演することはきわめてはっきりとした劇団の今の在り方の流れであります。はたして、このような事情を持つ青年座はこれらの舞台を全員でかついで行くことが出来るのだろうか。一丸となって本公演に全力投球するという時代ではなくなっている事実を認めざるを得ません。

ある重要な決断が劇団にあることがわかっていただけると思います。したがって座内はもとより演劇界もその辺の空気を察し、注目しているのです。そしてもう一つ肝心なことは、観客の皆様からみると、一月に三本も大変なことだ、ちょっとかんべんして下さいとなる可能性が大きい。したがってこれは青年座が創り上げた最上級の芝居の魅力、面白さとの綱引きと言えようか。

「性懲りもなく始めた」理由が次々に浮かびあがってきました。私はあせるのです。自分一人の力などたかが知れている、いったい私はどういうつもりで「マキノノゾミ三部作」の観劇案内を書き始めたのだろう。ほぼ立往生状態です。そう言えば世間ではまたまた首相が政権を放り出してしまいました。まさに立往生です。

十一月に総選挙の可能性が高く、自民党は五人で総裁を選ぶことになりました。何がなにやら騒然とした中、それでも私は『フユヒコ』『赤シャツ』『ＭＯＴＨＥＲ』を何んとか観にきていただきたい、とせつにお願い申し上げるばかりです。


（２００８年９月20日）

中空に旅する人たち

九月の中旬、中学・高校同級、一緒に上京して以来の交遊になる齋木壽國君を、本場物の越前手打ちそばを食おうと三越本店の近くに呼び出し、十一月に上演される「マキノノゾミ三部作」はのるか反るかの大仕事だから今度こそ観客動員、たのむぞ、と強請した。福井出身の店主と齋木は福井弁まる出しで意気投合、その見事な会話、話しっぷりにただ見とれる私は、齋木の昔変らぬ社交家ぶりに感心した。物おじしない子どもっぽいとさえ言える人柄に、これまでどれ程癒されてきたことか。二つ返事で請負ってくれた彼から、程なく三十人近い名簿が送られてきた。

十一月四日、紀伊國屋ホールの『フユヒコ』は大変な緊張のうちに幕が明き、青年座で自作初演出のマキノノゾミさんは、二日目にも舞台をみて前日より「うんとリラックスしていた」と真底ほっとして顔を綻ばせた。それから一カ月にわたる『赤シャツ』『MOTHER』三作をめぐる青年座パフォーマンスは、私達の予想を上まわる話題となり、「青年座にしか出来ない」「層の厚い劇団」「この時代にふさわしい、再演とは思えない新しさ」など好評が続き、朝日新聞の劇評氏は「近代人のおかしさ、哀しさ」と題し、「マキノノゾミ戯曲には、笑いと愛と温かな人間像、それに切れのいい着想と近代史への苦い認識がある」と評した。

一本の作品上演に苦労する現実の中で一挙に三本を連続することの困難は、無謀とも言われかねないが、私達は十一月三十日無事に打上げることが出来た。私のお願いに応えて下さったお客様はトータルで約百六十名をこえた。三本とも観て下さったお方も多く、本当にありがたく、また私のスケジュールの関係があって劇場でお迎え出来なかったお方もおいでになり、あらためて皆様に御礼申し上げます。

そして今年の日めくりの余白もあとわずか、一年を振り返ることの多いこの頃になった。

私は郷里の高校を出て五十年になる。「えっ、そんなに！」と声が出てしまった。実はその年数を聞いたのは、母校福井県立三国高等学校創立百周年記念式典の当日であった。十月四日、快晴の土曜日私は百周年記念講演の講師として生徒とOB、先生方の前で話すことになった。何がどうしてこういう仕儀になったのか、自分も含めて誰れが思ったろう。私は僭越にもお引受けし、「心高かれ、演劇のある風景」を語った。ともかく自分が演劇生活に入り込んでいったことから、今日の演劇事情を含め思うところを赤裸々に語った。そのあとパーティに席を移して、同級生十人近くとそれこそ生徒に返って大いに盛り上り、二次会は三国町の歴史を表わすような古い民家を伝えている杉本正治君の家に集まった。こんな時必ず出席する齋木がいないことが残念で、何があったのか早く確かめたいと思った。

翌十月五日日曜日、第三十一回福井マラソン（ハーフ）に出場、昨年は惨敗したが今年はコンディションもよく、初レースに走った記録を三分以上縮め、一時間四十一分三十三秒（グロスタイム）、二年の加齢に対しこの記録はまずまずだろう。実は八月三十一日北海道マラソンに出場して苦い思いをした。このレースは市民マラソンではなく公式大会で、持ちタイム四時間以内でないと参加出来ない、世界大会出場候補が選ばれる、そんな一流の大会だ。ところが当日湿度七七％、気温二十九度までに上って、夏マラソンとは言えとんでもないことになった。おまけに二十五㎞辺で右脚大腿部に痛みが生じ、足がほとんど上らなくなる。何んとか完走を目ざしたが、三十㎞の関門に引っかかってわずか六秒足らず、目の前で停止させられる始末。五千人参加、完走は三千五百名ぐらいであったから、私達のようなランナーには過酷であったと言える。ひとつすごかったのは二十㎞過ぎだったろうか、すれ違った女子トップの佐伯選手の走りはまるで地を跳ぶよう、この世のものとも思えない、真夏の中空を旅する精かと思った。いいものをみて、また自分を鍛えなおし十月をめざした結果が福井につながった。とは言え、この年で何もそこまで、と思わぬでもないが自分の身体が言うことをきかない。

三部作はこんな私の日常を引きずってどんどん進行し、本番も後半に入った十一月二十五日、齋木の奥さんから連絡が入った。彼がみまかった、と。一瞬の闇、返す言葉もなく受話器をにぎるばかり。その日以来何かが宙に浮いたまま二〇〇八年から二〇〇九年にさしかかるいまを生きる。

（２００8年12月24日）

本当にある話だから

内輪話であって外部に漏らしてはならぬ種の話がぽろっと漏れ、あらぬ噂が広まり困惑する、といったことが時に起る。御経験がおありと思う。いいにつけ悪いにつけ一時世間様に恰好の話題を提供し、何とか納まる所に納まってほっとする。しかし逆の場合は大変だ……。

思ってもみないような出来事がある日、白日のもとにさらされる事件は、今では日常茶飯事、めずらしくも何でもないのだから始末が悪い。チクッた、ササレた、と些細なことにくよくよと喧《かまびす》しい。これが生活の実態であろう。私のつぶやきであります。

二〇〇八年十一月中、新宿紀伊國屋ホールを借り切って演じたマキノノゾミ文人三部作では悲愴なお願いをくり返し、観客の獲得にこれ努めた。絶対目標一万名は虚しく潰《つい》え、兵《つわもの》どもの歯ぎしりが……。それでも約八千名のお客様が劇場にきて下さった。しかしその内実は一口ではとても語り切れない。一名の観客が総てであると言いつづけ、結果を呆然とみつめる。

昨年のもう一つの問題は、旅に展開する作品がほとんどなく、「二〇〇八年問題」と言ってその危機感を訴えつづけてきた。つまり財政的にきわめて困難な年であるから、新作発表は絶対赤字には出来ない。

二〇〇九年の四月もはや中旬、今年の最初の本公演は五月二十三日、本多劇場で幕を開ける土田英生さんの新作を須藤黄英が演出する『その受話器はロバの耳』である。昨年の赤字決算を乗り越えて劇団存続の命、本公演に突進しなければならない。すでに総ての準備はととのって一人のお客様を求める旅に出ている。そしてマキノノゾミさんの『赤シャツ』が二年振りに全国演鑑連九州ブロックの統一例会作品に決まって、六、七、八月旅に出る。

あの紀伊國屋で大奮闘した演出宮田慶子はじめ横堀悦夫たち演技陣の成果が、四万二千名の会員が待望する地に向う。私達は自信満々である。昨今の演劇界でこれ程の仕上りを示す作品はそう目にするものではない。私のお誘いにのって下さり御覧いただいた方々もお認め下さると思う。他の劇団やプロダクションの作品と比較して舞台を語ることは難しく、私の言葉を信じていただくしかない。そして最近思う、いわゆる創作劇の現場はどんどん変っていて、マキノさんのようにがっちりとした骨格を持った劇的世界を描きつづける作家は非常に少なくなっている。私の知る範囲とあえて言っておくが。では、今の演劇世界はどうだろう。この前、青年座劇場で終ったばかりの文化庁芸術家在外研修の成果を問う公演は、現代アメリカの作品、抉り出された世界は、その表現といい社会にひそむ人間の営みの複雑さを浮かび上らせる力量と言い、『運転免許わたしの場合』って何、という問いに見事に答えてくれた。ものすごく早い舞台の展開や風俗は外国であるにもかかわらず、翻訳劇と言った表現でくる必要がほとんどない。

もう一つ、昨年の話になる。新国立劇場の芸術監督鵜山仁氏の企画になる「シリーズ・同時代」第三作目、蓬莱竜太氏の新作『まほろば』は普段私がめったに足を踏み入れない小劇場と呼ばれる若い作家たちが活動する世界。めきめき売り出しあっという間に現代演劇界にその人ありとなり、私も何本か見知っていたが、この仕上りは目を見はった。私と世代は隔絶している、しかし九州のある地に住む一家を描いて、その構成力の大きさ強さ広がりにギリシャ悲劇の世界をも思わせる。「シリーズ・同時代」とは当然のように私達のものではない、二十歳から四十歳ぐらいの人達を指している。しかし私をゆさぶる何かがあふれているのである。そして四月十一日、「シリーズ・同時代 海外編」その二『シュート・ザ・クロウ』をみて仰天した。アイルランド人のこの作品には、タイル職人が二つの部屋で二人組になって仕事をしている工事現場のみしか出てこない。実際タイルを貼りながらある企みを謀ろうとしゃべりまくる。ただそれだけをこれでもかこれでもかと延々、演じ続ける。この単純な営みのリアル。とにかく気になったこれらの作品は、つまり世界は広いが芝居は一つ、人間と時代のまさにどこにでもある鏡。さて、土田英生さんは「同時代」作家の先頭を走る一人。二〇〇七年初演の『悔しい女』での高畑淳子の演技に度胆を抜かれた。そして六年後の再演では時代が芝居を追い越し、女の悔しさが身にしみてわかった。『その受話器はロバの耳』の舞台は東京を遠く離れ、「過疎化対策特別行政区」と言われる孤島になぜか東京の製造会社情報センターがある。ある日爆発的に売れた商品の欠陥が露見しパニックになる。「嘘！」と言うなかれ、本当にある話だから面白い、いや恐ろしい、か。

（２００９年４月22日）

紫陽花の一週間

『その受話器はロバの耳』は気鋭土田英生さんの仕掛けに見事にのり、本公演初登場、演出須藤黄英と若い出演者の熱演は老若男女多くの観客に楽しんでいただいた。正直に申せば、予想以上のことだ。何故これ程までに共感を得たのだろうか。「思ってもみないような出来事が白日に」さらされる作品、とぶちあげたがどうやら間違い、普通にある話であったようだ。とは申せ舞台にのせて評価を得るのは簡単ではなく、青年座の人材は層が厚いと言って下さった方が多く、ありがたい。次の本公演はちょっととんで十月、齋藤雅文さん書き下ろし、宮田慶子演出『千里眼の女』までなく、その間『赤シャツ』の旅が入っていることは前号に触れた。

六月二十日、土曜日の午後日野市。この時季にしてはそれはさわやかな、濃く繁った桜葉のもとあじさいが色とりどり、我がもの顔。駅からちょっと離れた、こぢんまりと木々にうもれるように日野市民会館があり、ユースの会員の皆様にも声をかけて、九演連に発つ前の『赤シャツ』舞台稽古が行なわれた。一部の出演者が変っても作品が訴えるテーマ、イメージはしっかりと伝わってくる、とてもいい出来に仕上っていてほっとした。二十三日の出発、二十四日北九州初日は自信を持ってよい。明けて、二十一日日曜日、青年座劇場は久々、座員同士の結婚披露パーティが行なわれた。演出家磯村純と、若い美術家根来美咲。昨年暮れ、磯村がかしこまった感じで「お願いがあります」と日時を約束し訪ねてきた。「実は結婚します、ついては届けに判をお願いしたい」。あいつもいつの間にやら三十歳も半ばになっているはず、不思議はない。ところで相手は誰れかと思っていると、察したのかぶつぶついいながら「ネゴです」と言った。おいおい、なあ根来は入団して三年ぐらいだぞ、は腹にしまって、とてもいい娘で才能もあり、美術スタッフにはおあつらえむきの、口数すくなくねばりと向上心の強い娘だ、どこの馬の骨とも知れぬわけではない、今売出し中の新進演出家、青年座文芸部員ときては文句も言えぬ。二つ返事で婚姻届けに判を押した。入籍を済ませ式も身内で挙げて、女房は九州二カ月の旅に出る、その前にあらいざらい披露してしまえということらしい。若くて初《うぶ》な根来が一目ぼれをしたと言い張る磯村、それ本当かと実証するのが式のテーマであった。青年座劇場に作られたセットは日野市民会館の舞台稽古のあと十一トン、四トントラックに荷を積み出し、劇団にもどって根来のプランを徹夜仕込みで作り上げたものだ。いや笑いました。

六月二十二日月曜日、製作部会があって紫雲幸一も旅に出る覚悟を語る。旅先から上演料が送られてくる。ここまでこぎつけるには製作者がどれ程の苦労を重ねてきたことか。一方東京に残る者は次なる公演をしっかりと視野におさめ行動を開始しなければならない。そして夜、私は下北沢ザ・スズナリ。若手人気劇団「桟敷童子」の『ふうふうの神様』を観た。偶然小田島雄志さんと元新国立劇場酒井誠さんに会い、終演後「ふるさと」で一杯やり、演劇談義に花を咲かせた。その頃製作部の若い女性たちを引きつれ住田素子は、今週も頑張ろうと近所の焼肉屋で気炎を上げていた。翌六月二十三日、私は照明家のシンポジウムに参加、「テアトル銀座」にいた。一時過ぎ、ケータイが鳴った。「何んだこんなところに」とむっとして出ると「住田さんが亡くなりました」と製作部長森正敏が言うではないか。

火曜の昼過ぎ仕事の約束があるのに住田から何んの音沙汰もなく、変だと思い連絡をとりあううちに、すでにベッドで冷たくなっているのが発見された。私は銀座から彼女の自宅三鷹に向い、そして調布警察にとんで、変りはてた住田に対面した。六月二十三日推定午前二時、心筋梗塞のため死去。享年六十。大阪の大学を卒業し前進座製作部に入り一九七六年五月青年座の門をたたいた。故金井彰久と私が面接した。それから彼女の活躍振りはとても書きつくせない。繊細な心に、誇りと矜持と、行動の女、青年座に住田素子ありと言われた。彼女との葛藤は一言で言いがたい。私達は六月二十七日土曜日、彼女の故郷愛知県西尾市の古刹、縁心寺住職兄住田章雄さん導師のもと調布の金龍寺に於て葬儀。代々幡斎場で荼毘の後、青年座劇場に帰って初七日の法要を営み、あの世に旅だつ住田素子を見送った。合掌。

六月を　綺麗な風の　ふくことよ　　子規

（2009年7月10日）

壮麗な夕焼けに

急逝した住田素子「お別れの会」は、『赤シャツ』も帰京し、八月二十一日青年座劇場で執り行なわれた。この会をもって現実に起こった事実として各人の心に銘記されることになった。猛暑の中何人集まるか予想がつかず、かといって当てずっぽうで実行するわけにいかない。結果は多くの人々の参加を得、彼女の人となり、仕事、交遊の実態を識る心のこもった会となった。ほっとするよりも、物淋しい想いがひときわ大きかった。代々木八幡のあちこちに思い思いの人達が集まり、二次会、三次会と言うには語弊があるが、飲み場では思いがけないメンバーが交流する。最後に行きついた店には製作者たちが十人程度居たろうか、いきなりロウソクを目の前に出され吹き消せと言う。二十一日は私の六十八歳の誕生日であった。偶然とは言え因果なことである。

実はもう一つ触れざるを得ない残念な出来事がおこった。青年座の第一線、現代演劇界でもトップクラスの演出家鈴木完一郎が、七月二十四日、伊勢原日向病院で慢性腎不全のため六十一歳の生涯を閉じた。青年座入団が西田敏行君と同期。数々の事件と言うか行動にまつわる話題にことかかない大変な演出家であった。私と七つ違い、長男と末っ子の関係と言えようか、喜びも悲しみも怒りも半端ではなかった。そこに西田君が加わって派手な喧嘩をやらかしたものだ。彼は二〇〇六年腹部大動脈瘤破裂をおこし、それから咽頭癌、胃癌、鼻奥癌細胞切除、人工透析と大病に見舞われ、声を失い危機的な状況に何度襲われてもなお、現場復帰を執拗に求めて生きていた。住田の死は言わば突然死である。一つ違いの完一郎は「旅立つ貴女に、青と薄紅色の紫陽花が栄光をはなっています」と弔電を送り、その一カ月後に彼女のあとを追った。人は生まれ、生き、死に到る、この世の習いである。私達は演劇という虚構の中に様々な生と死のドラマを創り続けてきた。二人は「劇的」な世界の主人公を自ら演じた、と思った。

九月十七日鈴木完一郎「お別れの会」をひかえているなか、齋藤雅文作『千里眼の女』の準備に追われている。明治四十三年が舞台となり、透視能力を持った熊本の女性に東京帝国大学の山川健次郎、福来友吉と、実在の人物が登場するきわめて注目される素材とテーマをもった舞台である。我々は時として超能力をもって自分の行く末を知りたい、と思うことがある。はたして住田と鈴木はどうであったろうか。私達は途方にくれつつも観客を求めて狂奔するのである。

私はリフレッシュ、心身の転換を求める。八月三十日、今年の北海道マラソン。昨年は四時間が参加資格、今年は五時間になり、コースも大幅に変り八千人がエントリーした。日本陸連の公認レースであることは変わらない。三十㎞で打切られたリベンジを果たさなければと乗り込んだが、手違いがあってトラブッた。受付〆切が三十日、朝九時半ギリギリ。大会側はもうダメだ、こっちはセーフだ入れろとドアーをはさんで押し問答。若者も一人私の後にいて、二人で頑張る。そのうち周りに居た者も応援に加わり、ついに私はガードする人間を押し切り強行突破を敢行。ゼッケン番号を手に入れる。多分七千七百名近くが受付けを通った、最後の一人であったろう。危ない橋を渡った。東京くんだりから乗り込んで受付が出来ませんでしたでは、みっともなくて帰るに帰れないではないか。大の男をつきぬけてデスクに走った私は、若い男にありがとうございましたと言われた。記録は思った程ではないが、完走記念メダルを首にかけ急激に下がる気温、寒さに歯をガチガチふるわせる疲労困憊ぶり。最後の一㎞、北海道大学キャンパスの深い樹木の中を朦朧とした意識の中で走った。学生のブラス演奏とたくさんの観客の声が、止まる足を動かし、体を前に進めてくれた。

そして総てが終わった夕刻、年来の友人北海道演劇財団常務理事平田修二氏宅に向う道すがら、かつて見たこともない天を焦がす雄大にして壮麗な夕焼けに出くわし、自然の営みのあまりのすごさに心打たれ、いつしか素子と完一郎を想い、『千里眼の女』の成功を祈るのであった。

「劇場へ！、劇場へ！」、御来場お願い申し上げます。

（２００９年９月５日）

五十五年目の証言

日本の新劇を語る時、かつて労演と言われた演劇を観る運動を続けた組織のことにふれないわけにはいかないことは、たびたび語ってきた。いま〝新劇〟は死語と言われ、労演が市民劇場とか鑑賞会となって、それをくくった団体の名称を「全国演鑑連」と言って、久しい。

三十万の会員を目前にして、徐々に退潮現象が始まったのはかれこれ十五年前になる。今では二十万を切る。これは重大な問題である。単に観る側だけのことではなく、その第一線現場に作品を提出してきた劇団側にとっても由々しき問題となっている。劇団側という言葉を使ったが、今では創造団体側と言わなければならない。つまり鑑賞団体と新劇団という組み合せは、プロダクションやプロデューサーと呼ばれる人が創る制作団体の進出により多様化し、「会員と新劇」の固い絆は有名無実となった。

この数年にいたっては、かの有名な労演発祥の地「大阪労演」の消滅をはじめ、各地に解散する組織が次々に現われている。私が全国を旅していた頃、一言では言いつくせない〝出会いの喜び〟を共にしてきた仲間が眼前から消えて行き、多分二度と会することがない。こんな淋しいことが起っている。ことここに到った原因はとても軽々しく語ることは出来ない。

十一月十四日、十五日両日、東京の調布市で全国演鑑連第三十四回活動交流集会が行なわれた。テーマは「運営サークルのなかに理念は生かされているか」である。つまり鑑賞運動の原点を全国の仲間と一堂に会して語り合う。このような演劇のもう一つの現場が全国に存在している。

「芝居など観なくたって生きられる」「芝居どころじゃない」と言ってはばからない社会、そこに生きる人は枚挙にいとまない。

劇団が創立された一九五四年は、第二次世界大戦（いろんな言われかたがあるがあえて）を敗戦で迎えアメリカ民主主義、戦後が始まって九年である。この時間が長いか短いか人それぞれである。しかし、東京で生まれ四歳で疎開し、居場所が点々として何んとか定着して十三歳になっていた私のことを思うと、食うこと以外は何も考えられない時間のあと、学校の場で音楽、絵画、詩、スポーツに目覚めていく年頃、極貧生活の中ではあったが、明日があって案外くったくなく生きていた。この時、青年座の創立メンバーが自分達の青春、自分達が懸命に戦後を生きて新劇をつづけようとしていた。そして椎名麟三に行きつき『第三の証言』の旗揚げ公演であった。

私は劇団に入って十年ぐらい過《た》って青年座スタジオ公演の場で、七月に死去した鈴木完一郎と組んで『第三の証言』を演《や》っている。しかし見事に何も覚えていない。にもかかわらず椎名さんは頭から離れたことのない存在であった。そして五十五年になる今「青年座・セレクション」が若者たちによって発想され、彼等は相当の時間をかけて『第三の証言』を練り上げてきた。一九五四年の日本、二〇〇九年の日本、この時間の流れを一言で言い表すことなどできはしないが、十三歳の子どもが六十八歳まで生きて、演劇創造の場にいると言うことは出来る。椎名さんは六十一歳でなくなり、創立メン

劇団青年座創立の頃の椎名麟三氏（撮影・日高勝彦）

バー十人で押しかけて初演にこぎつけた役者達は、二人を残してことごとく椎名さんの「天国への遠征」に出かけてしまった。椎名さんは「この芝居で訴えたかったことは、不条理のなかにおかれているこの時代の悲劇である」と言い、その時代の象徴として舞台を製菓工場に限定したと書いている。

　私達が生活している現代社会をみるに不条理に満ちあふれ、言葉もない。

　早い話が私がクシャミをした、重い屁をひった、といったたぐいの事実が立ちどころに地球の裏側の誰かにとどくのである。何なら映像つきで。

　こういう時代が来ると文明の進歩とは空恐ろしいことに気づく。そして、果たしてその時代に生きる私達は、いったいどこに行きつくことになるのだろうか。

（２００９年11月18日）

演劇創造、この果てしない旅路

私の大好きな尊敬する役者坂本長利さんのライフワーク、一人芝居『土佐源氏』の作者宮本常一とその師、渋沢敬三を書いた佐野眞一著『旅する巨人』を読んだ。ずっと長く気になっていた作品であった。あわただしいこの時季、一気に読了、地の底から何物かが沸き起こるような感動にひたった。

国政選挙でこれ程の大激変が起こるとは。大方の予想が出そろっていた、とは言え現実を目のあたりにすることになり立場が逆転するとどういうことになるのか。例年、今頃は来年度の国家予算をめぐって我々のようなごく小さな演劇団体もしかるべき行動を起こす。ところが今年は違った。与党となった民主党は、選挙で公約していた税金の無駄遣いや、官僚の天下りをなくすための「行政刷新会議」を立ち上げ、「事業仕分け」ということを実行した。この政治的大パフォーマンスは十一月二十七日終り、新聞の報道等でこの実態をまとめているものによると、ふるいにかけた事業は四百四十七あって廃止、不必要、縮減といった文言が飛びかった。大きな体育館に見物人を入れて、各省庁の役人と仕分人がやり合う光景はまさに生の劇場、テレビにいったん見入ったら釘付けである。それが我々の文化芸術に関係の深い事業であれば……。いずれにしてもこれ程政治と日常が身近になったことはかってあったろうか。

「どうせ俺達は関係ない」と言わせない強烈なインパクトがあり、見事に踊らされた者は怒り心頭、カッカのしっぱなしである。

今のところこの場でこれ以上触れることはさしひかえる。朝日新聞の集計によると一兆六千億円の無駄と言うか「仕分け効果」だそうだが、この結果が来年の予算にどう反映されるのだろうか。私達の文化予算についても大きな動きがあった。事業番号三―四（独立行政法人日本芸術文化振興会）、事業番号三―五（芸術家の国際交流、伝統文化子ども教室事業、学校への芸術家派遣、コミュニケーション教育拠点事業）の整理、削減である。

議員達はどれ程我々の実態を親身に把握しているのか理解に苦しむ。十二月二十三日に終った「青年座・セレクション」Vol.1『第三の証言』初演時の不条理な現実を、この時代に生々しく、自分たちのこととして観ることが出来たばかりの時に。私は思わず、ふっと足元をみつめるのである。そして思う。我々のような戦後しかるべき年限ののちに成立した新劇団にとって、およそ支援とか助成といったものの恩恵にたよって運営されることはほとんどなかった。文化庁が言うところの自助努力という名のありとあらゆる方策を積み重ねることによって維持、継続されてきた。それはささやかな運動であるかもしれないが、五十年、六十年と活動の輪を拡げ、今日に到ることの意味は決して小さいものではない。文化庁が平成七年新しい文化立国をめざして「アーツプラン21」を提唱し実施にこぎつけて以来、我々新劇団も国家の文化政策に直《じか》につながりを持ち、日本の舞台芸術の振興と推進に寄与するという側面が強く浮上し、創造活動をより強固なものとする覚悟が深まり、新劇団の存在がいままで以上に大きな位置をしめるところとなった。これは、必ずしも現代演劇界の流れと一致するものではない。「新劇」が死語となり「小劇場」も使われなくなり、公演の形態をくくる用語がない時代に、国の支援がより明確に民間の演劇団体に影響を及ぼしてきたことは事実である。そしてやがて平成十三年、国民は「文化芸術振興基本法」を持つにいたった。この現実の上に私達は深く思いを寄せ、文化庁の文化事業にも対してきた。

このたびの行政刷新会議「事業仕分け」には聖域はないと言って、「文化芸術振興基本法」をどうとらえているのか知れないが、いとも安々と切って捨てる。うらみつらみの連続である。こんなことでは年末に向かって身がもたない。ボヤいているわけにはいかない。「事業仕分け」が結着したわけでないし、このところ俄然注目をあびている「社会の活力と創造的な発展をつくりだす劇場法（仮称）の提言」問題は、今の演劇活動の根底をゆるがすものになるかもしれない。我々は現場から声をあげていかなければならない。二〇〇九年の、そして明けて二〇一〇年の。

（2009年12月24日）

ちょっと寄って下さい「高円寺」下車五分『禿《はげ》の女歌手』が待ってます

もう古い話になってしまった。大学留年を決め込んで青年座に出入りするようになって製作の見習いに採用されたのが一九六四年、翌年に正式な座員になっている。まだ下北沢に劇団があった頃。十周年が終って三年、長い交遊関係にあった安部公房が小説『闖入者』を『友達』と題する戯曲に仕上げ、この紀伊國屋公演は大変な評判になり、創作劇の青年座の名が一気に高まり、翌年には八木柊一郎作『坂本龍馬についての一夜』、矢代静一作『夜明けに消えた』、そして『友達』国立劇場小劇場再演と現代演劇史の成果と言われる作品の上演が続いた。そんな中に何故かウジェーヌ・イヨネスコの『禿の女歌手』が登場する。創作劇しか上演しない青年座にどういういきさつがあったのか、かけ出しの私にはわからない。この年は他に矢代静一の『蝙蝠』(何んと私の製作である)と、俳優座系合同公演イプセン作『ペール・ギュント』があって、六本の作品が上演された。

一九六八年私の母校に日大紛争が起こり、日大全学共闘会議が大あばれをし、十月二十一日、全学連らによる新宿駅占拠と、その騒乱は猛烈をきわめた。昔話を決めこんでこんな風に言っては身も蓋もないが——。

明治通りに面した伊勢丹の前に映画館新宿文化劇場があり、ここを拠点にアート・シアター演劇公演として、映画のハネた後芝居を上演する運動が大きなうねりをもって活動していた。中でも、清水邦夫、蜷川幸雄がはなばなしく大活躍、夜遅い開演にもかかわらず、押すな押すなの大観客。つまりこの運動の中に青年座が加わる。その旗を振ったのは気鋭の演劇評論家、文芸部に所属したばかりの石澤秀二であった。

アート・シアター演劇公演№32・新宿文化提携公演・第23回芸術祭参加と銘打つ、何んともにぎやかと言うか、便乗企画といった感じもあって、一体どんな議論が座内にあったのか、さっぱりわからない。とは言えこんな思慮は当時何もなく、ただバタバタはね回っていた。初演は意外に古く、一九五〇年パリで上演され、ずっとロングランが続いていて、アンチ・ロマンとか反戯曲とか聞いたことのない演劇用語があふれ、世界の最先端の演劇と言われていて、実際一九六七年に本場ユシェット座日本公演が行なわれたばかりであった。

「何んで今更」と言われた。がそんなこと知るか、というのが当時の私だった。

九月二十五日〜十月十一日の夜九時半、学生デモの余韻がおさまらない夜の新宿。

青年座の観客も、新宿文化についていた観客にとっても、「何じゃこれは」という感じであったろう。幕が開いたがお客はさっぱり、六人の出演者より少ない。開場してから三十分の長かったこと。劇場の玄関を走りまわっていた。そんな時「劇団俳優小劇場」、かの有名な〝勘平さん〟こと演出家早野寿郎が、何人かの役者を連れて現われたのにはびっくりした。そして彼曰く「俺が観に来る芝居は客が入らない、しかし、間違いなくいい芝居だ」。その後、口コミが伝わり、後半では大評判になってお客様も入り、「芸術祭奨励賞」を受賞してしまった。さっそく再演があり、旅公演も行なわれた。

ルーマニア生まれパリ育ちのイヨネスコが、英国ロンドンを舞台にフランス語の芝居を書いて、終《しまい》には語る言葉が砕け散り舞台いっぱいに散乱する。中台祥浩スミス氏、東恵美子スミス夫人、森塚敏マーチン氏、今井和子マーチン夫人、山岡久乃・木下静子メアリー、溝井哲夫消防隊長。金屏風の前のスミス夫妻は和装、紋付はかま。森塚敏はブルーのコンタクトアイである。稽古場はただただあっ気にとられ呆然自失。わけがわからないとはあのことだ。しかし、笑った。本当に怖ろしい芝居であった。

石澤秀二はもうすぐ八十歳になる。長く杉並区に住み演劇評論、演出、大学教授のかたわら地元の文化協会に属して、広く地道に区民の文化にかかわる運動を続けて来た。杉並演劇祭も第七回を数え、区内にある小さな空間を総動員し数々の演劇を上演する。昨年、館長斎藤憐、芸術監督佐藤信によってスタートした「座・高円寺」は、演劇と地域をしっかりと結びつけたいままでにない魅力あふれる劇場である。その中に二〇一〇年の『禿の女歌手』を登場させる。何が起こるかわからない。事は簡単ではない。しかし、石澤秀二を師と仰ぐ山口果林、執行佐智子、西川明、堀越大史、前田真里衣、そして青年座のベテラン嶋崎伸夫の熟した役者力と魂が大爆発、白熱の舞台は目前に迫っている。「座・高円寺」。目がはなせない。

（2010年2月15日）

演劇の力

東京に桜の開花宣言が出てにわかに春の色どりが増す。我が街府中市白糸台もいそがしい。紅白梅、河津桜、辛夷《コブシ》、杏子、枝垂桜、染井吉野桜、木に咲く音色が鳴り響き「またお会いしましたね」と言っているうちに、「きしっ」と「動いて」何もかも持ち去ってしまうような勢い。

今年、劇団青年座の代表取締役を辞してはや四カ月、自分自身の近辺にも有形無形の変化が起っている。そしてあと四カ月もすると一つ年を重ね六十九歳。長い間芝居の御案内を一方的に送る失礼を思いつつ、あえて近況を書きたい。というのも何かうまく言えない不安があるからです。そうそう、今年、上京して五十年になる人から、難聴が進んでほとんど聞こえなくなって家を出ることも出来ないので、もう送ってくれるな、との通知をもらった。私が上京して早々に出会った方だ。一度も芝居を観に来てくれたわけではないが、自分のなかに大切にしていた青春の絆が「パタン」と切れる、拒絶であった。私も中学二年から始まった耳鳴りがどんどん進行し高周波音の弁別に苦労するようになった。こんなことを書き始めると次々に思い当ることが浮かぶ。

一月二十一日から二十五日、おとなり韓国ソウルに行ってきた。十年前日本と韓国の演劇交流をより密にしようと「日韓演劇交流センター」が設立された。私が会長を勤める「日本新劇製作者協会」

も末席に名を連らね、「演出者協会」「国際演劇協会日本センター」「国際評論家協会」といった演劇職能団体が結集して創られた。会が最初に取組んだ「日韓ドラマリーディング」が大変好評であった。これは両国の現代演劇を交互にリーディング形式で上演し合うものである。両国の演劇事情は一部の者にしか知られていなかった。それが一気にひらけ、三回ぐらいで終る予定が気がつけば十年になっていた。今年は日本の戯曲が韓国の演劇人によってリーディング上演されることになり、初めて韓国開催に参加した。

今や日本現代演劇を代表する劇作家となったマキノノゾミさんの傑作『東京原子核クラブ』の上演はとても注目された。翻訳者は私が日大演劇学科の講師になった最初の受講生で、卒業後もずっと交流を続けて来た。今ではソウルの大学で教え、日韓演劇交流の第一人者となっている。本番前日の一月二十一日、久しぶりにお会いしたマキノノゾミさんとホテルで午前四時頃まで話し込む、熱烈な日日交流は実に楽しかった。

さて、作品は第二次世界大戦末期、原子核の開発にひそかに動いていた理化学研究所の仁科芳雄につらなる若き物理学者、朝永振一郎がモデル。彼等がたむろする下宿の昭和七年から二十一年が舞台。日本はついに第二次世界大戦に突入、戦況が刻々と変化するなか、これ程の濃密な青春群像があった。ひたむきな若者の涙と笑いと友情が活写される。物理学者が登場する芝居をこのように描いた芝居は、私の知るかぎり観たことがなかった。韓国の役者たちは衣裳も着け道具を置き小物も持って、なかば芝居にまで仕上げていた。戦いは敗れ、終幕近く学徒動員された下宿仲間が南方で戦死、残された遺書が語られる。早く原子爆弾を作って祖国の勝利に貢献してくれと。演者は日本国海軍旗らしきものをあしらった鉢巻をして散る。その芝居に私は胸騒ぎを感じた。アフタートークになり翻訳者、演出家、そしてマキノさんが舞台に上る。のっけに翻訳者が実は大変悩み、考えに考えた末にこの作品の青年たちの純粋な青春の発露を信じて、翻訳をした、私の苦悩に満ちた心情をどうか御理解いただきたい、と語った。何に、と思った。やがて客席から「喧嘩なら買う」と言った過激な発言が飛び出した。

日本と韓国の過去が如実に示された、つまり両国の現代史である（今年は韓国併合百年。そして明治の元勲伊藤博文を暗殺した「韓国の英雄」安重根の遺骨を百年後の今もさがしている）。日本が人類初の被爆国である、といった被害者意識をひけらかしてはこまる、あなたがたの国は私達にとって決して忘れることの出来ない加害者である、との原則を示したことになる。私達は日本で、このような認識を持って、『東京原子核クラブ』を観ていただろうか。三月三十日、東京演劇アンサンブルの木下順二作『山脈（やまなみ）』をみた。この作品がソウルで上演されたらどうであろう。

（2010年4月1日）

柳絮《りゅうじょ》舞う北京、生活習慣のなかには

この五月十七日から一週間北京に行ってきた。「ATEC第五回国際フォーラム及演劇祭」が行なわれ、私は日本大学芸術学部非常勤講師の身分で出席。五月十九日に会場の中央戯劇学院北劇場で「演劇の企画制作の教育と実践」を各国の大学の先生が発表する。朝九時から昼食、夕食をはさんで夜の九時半までぶっ通しである。私は午後「劇団とアートマネージメント、その必要性について」と題して、演劇の現場にある問題を語った。同時通訳が入っての質疑もあって立派な国際会議である。演劇学校にこうした機能があるのは、実績を国が認めお金を出しているからである。日本大学の松原剛氏を先達とする長い交流の輪が広がってこうした大きな会に発展したようだ。

今年が最初の「第一回アジア演劇大学学生演劇祭」には、九つの大学の作品がいろいろな制約の中、創られ発表された。中国、韓国、アメリカ、インド、モンゴル、シンガポールなど、めったに観られるものではない。劇団の文芸部に属する演出家越光照文君は、桐朋学園で長く教授を勤め今年度より学長に就任、芝居を持って参加、フォーラム会場においての堂々とした学長ぶりは、劇団員のイメージとまったく違う存在感であった。全部の作品を観ることは出来なかったが、大学と演劇の関係は日本よりも進んでいることは確かなようだ。演劇祭で面白かったのは日本大学芸術学部の学生たちが創った『はるか』。実に見事に仕上がっており、劇場の学生達観客からやんやの喝采、諸条件を受け入れる中、観せ方の工夫はなかなかのものであった。桐朋学園は岡安伸治さんの作・演出。御本人も参加して若い一、二年生を指導し、彼の作品世界を表出していた。なまはんかな情熱であそこまでは出来ないであろう。お国がらも面白く、どの作品にも演劇の持つ若い力を感じさせる。

私は日大に講座を持つようになって十四、五年になろうか。その間留学生にも接してきたし、劇団にも何人か受け入れてきた。教育の現場と実際の場は随分と違うが、演劇の持つ総合された表現の魅力を追求することにおいて、差などないと思った。ホテルと中央戯劇学院を往復する一週間に、そんなことをしばしば考えた。

「中国・日本演劇交流五〇年展in北京」が戯劇学院で催されたのは二年前の一月だった。年明け早々、八日に北京に飛びその気候にふるえ上がった。北京東方文化酒店のある街の風景は、わずか二年の間に観光客とおぼしき人の数がものすごく増え、鼓楼より高い建物を作ってはならない古い街並みを残す一画の売りものは「フートン」と言われており、夜ともなると大変だ。

例のごとく朝走ってきた、朝と言っても九時過ぎから走る。昼頃には三十度をこし、三十五度まで上る。しかし、あかしやの木に守られた日かげは、ひんやりするぐらい涼しい。西海、后海を一周すると約四、五㎞もあろうか、柳絮が飛ぶ中、人力車ならぬ自転車に二人乗りのかごをのせる観覧車が走り、時おり高級外車、そして人、人。自転車も動力付きのものが多く、音もなく走り去る。二年前湖面は厚い氷であった。

何もない緑と湖水の細長い所に、北海とは違ってたくさんの茶屋と言うのか飲食店が建ち並んでいる。名所旧跡というほどのものは鼓楼だけなのに人が多い。夜一度行った。まずびっくりあきれる。中国の人達が圧倒的に多いが、我々のような外国の者もすごい。戯劇学院一帯の道が人に埋まっているのではないかと思われた。

帰国する五月二十三日日曜日、午後一時半ホテルを出るので時間がとれる。十時に走り出し鼓楼、景山公園、故宮にぶつかり天安門に出る。地下鉄から次々にわくごとく人が現われ、汗に濡れた体をひるがえして何とか接触をふせいで抜け、元に戻り西海、后海を一周、ホテルに。その間二時間、三十五度の暑さは木かげに守られ思ったより体力を失わず、生活習慣をここでも通した。

何となくノドがガラガラするのも治った。劇団は太田善也作『つちのこ』の稽古が大詰めを迎えている。あの北京のおびただしい人間の営みが演劇につながっているのだろうか。しかし、演劇は存在する。青年座劇場は門前市をなすような人の集まりはない。いつものように一人の観客を待っている。

（２０１０年5月28日）

酷暑の夏は、めぐる

劇団の若い世代が始めた「青年座・セレクション」第一回、椎名さんの『第三の証言』はお客様の声はもちろん、いわゆる演劇関係者からも好評をいただき、中には絶賛する人もいた。ついこの間、研究所実習科第三十五期の公演では、所長高木達があえて椎名戯曲そのまま、三幕三時間の『第三の証言』を上演してみせた。研究所生と若手中心の本公演の違いは興味あるところである。いろんな見方があることは当然であろうが、劇団の財産と言われる作品はこうした型で上演し続けていくところに意味があり、劇団の本当の姿がそこには息づいているのである。すでに告知済み、今夏上演の西島大作『昭和の子供』が近づいてきた。まさに酷暑の季節に。一九四五年八月十五日も快晴であったと言う。幼児の私にその記憶はないが、しかしこれ程の暑さであったろうか。連日三十七、八度、ある所では四十度近くになる。モスクワが三十七度をこえたとニュースは伝える。ともあれ、六十五年前、夏。西島大、十七歳の満身に日本敗戦が覆いかぶさる。そして十六年後ラジオ、テレビ、映画、舞台に作品を書く人気作家となった彼は、日米の新安保条約をめぐる大政治闘争のただ中、『昭和の子供』を書き下ろし、劇団はあえてこの戯曲を上演する。作品のモチーフは、敗戦、絶望、死の淵を彷徨い、のたうち、苦しみに身悶える西島大の姿であった。

一九六〇年という時代にこんな戯曲があった。私は北陸の片田舎からぽっと出の、右も左も何も知らない無知な十八歳、状況も、なにも、わからない青年であった。新劇と言われる世界に入って、戯曲なるものを読み、政治にも反応し、舞台の創造現場に立つ身になって座付作家西島大の『昭和の子供』を読むことになる。大きなショックを受けた。どうしてこんな戯曲が一九六一年、青年座公演として上演されたのだろう。三一書房刊『現代日本戯曲大系 5』は、一九六〇年から三年間の作品を集録しており、思想的にもバラバラの作品は「時代と芝居」の証言として意味ある編集である。ショックを受けたのはこの巻を通読した時である。

『昭和の子供』はほぼ五十年の時間を超えて浮かびあがってきた。西島大は昨年には若い演出家千田恵子と上演台本創りを始めており、この仕事が自分にとって最後であろうと思っていたようだ。長く住んでいた高円寺から劇団の近くに引越し、体調がいいと歩いて研究所に顔を出し、世間話をして一服ののち昼食をとって部屋に帰る。病を得つつも実に淡々、飄々たる風にみえたが、孫のような世代の演出家と『昭和の子供』の想をめぐらすことはのんびりしたものであるはずはない。が、そうみるしかなかった。

そんな日常の中、正月明け盟友東恵美子が急逝、彼は病身をおして弔辞を述べる、思いもよらぬ出来事があった。そして三月三日彼自身がかの地に。私は井上病院で臨終の場に立ち合った。息を引きとる寸前まで意識はあった。少なくとも最後の呼びかけを聞いたはずだ。あの時西島大の想念に何がめぐっていたのか……。

『昭和の子供』の製作担当者は多忙をきわめており、広報関係者に出す企画書の「上演にあたって」

の一文を私に書くように言ってきた。西島大は私より一まわりとちょっと年長である。

＊

『第三の証言』が面白かった、素晴らしかったとの賛辞をあちこちからうけ、正直びっくりした。二〇〇九年暮れの舞台が未だにお客様の心にあり、言葉となって我々に届く。そして今年、第二弾はあの「六〇年安保闘争」の翌年に上演された西島大の『昭和の子供』である。上演台本創りに集中、本番を切望していた彼はこの三月三日、八十二歳の生をとじた。後を託された私達は生涯現役作家、自伝的要素の色濃い作品に取り組む。

西島大は昭和二年十一月十四日生まれ、まさに昭和の子供であった。彼の成長は「神国日本」の源流にまでさかのぼる純粋な思想真情に色どられ、国に殉ずることこそ至上と言う時代。しかし国破れ、死ぬこともかなわず放り出された彼の青春。『昭和の子供』の原点がここにある。

言うまでもなく昭和は遠く、平成二十二年の現在、いかなる劇的な時間を創り得るか。はたして政治、経済、文化、生活、ありとあらゆる分野で日本は大きく動いており、巷に「時代閉塞」なる言葉が氾濫する「この平成の世」にいかなる息吹をもって立ち上がるか。

（2010年8月1日）

たそがれ、たそがれ

第二百回公演、アーネスト・トンプソン作『黄昏』が今年最後の本公演となる。創立五十六年に積み上げて来た回数、多いのか少ないのか、数だけで判断するのも何んだが、私が参加して四十六年、その実感をもってすれば、二百回は多いなー(青年座スタジオ公演が百九回、その他特別な公演を含めるとゆうに三百回はこえる)。

新劇団の活動の実際について自他ともにいろんな言われ方をしている現在、この公演も一つの結果を残してあっと言う間に進んでいくだろう。本公演をいかに持つか、劇団にとってレパートリーこそ命である、と言う。二百本の作品に込められた時間をそれぞれの立場でかかわった人達が反芻するとしたら、いったいどれだけの時間になるだろうか。しかし、これはほとんど無意味に近い行為である。『黄昏』は森塚敏、東恵美子が最初にありきでスタートした。彼等にふさわしい戯曲はないか、いろんな人間が当の本人も含めて頭をしぼったはずだ。今から十五年前、青年座創立四拾周年記念公演として第一番に考えられ、故金井彰久の発案が採用された。そんなに劇団が続くなど考えたこともない、と言っていた森塚が六十九歳、東七十一歳。創作劇しか演《や》らないといってスタートしてもそう簡単に二人にふさわしい戯曲が創り出せるものではない。結果、翻訳劇であったところが面白い。創作劇にこだわった青年座の変遷である。

企画者も二人の主役もこの世に居ない今、私達はレパートリーの継承と言って『黄昏』の初日を目指している。ノーマン津嘉山正種、エセル岩倉高子、老夫婦の物語である。と書いて、ハタと困った。〝老〟はないだろうという反発がおこる。ところが、二人は初演時の森塚、東とほとんど同じ年齢に達しているのである。十五年前に後期高齢者などという言い方はなかったように思うが、少なくとも津嘉山も岩倉もあと数年もすればその年齢に達する立派な老人である。しかしどうも納得がいかない。ちょっとむきになっているようだ。

同年代の私としてみれば、仕方のない感情である。青年座の創造の現場では今もいかなる企画が時代の要求に適するか、思いを凝らしている、と同時に青年座に求める観客の目差《まなざ》しも大いに気になるところである。津嘉山正種の存在はその意味でいつも注目されており、彼の芝居を観たいという要求が高い。相方となった岩倉高子はいくつか先輩、長谷川幸延作『殺陣師段平』での〝女房お春〟は素晴らしく、津嘉山の段平を見守り、慈しむ演技は強く観客の心をとらえた。

一九九五年から二〇一〇年の日本社会の実相をあれこれ書き出すまでもない、大きな変化の中で劇団は生きつづけ、高齢化社会の中でいかなる作品をもって観客と向かいあうか。『黄昏』は津嘉山正種、岩倉高子二人の俳優の魅力が呼びものとなる企画として、再び劇団に登場することになる。創造集団（新劇団）が今日ある大きな理由の一つである。

私はこの十月二十一日、羽田に出来た新国際空港オープニングの日、北京に発った。七時半集合に合せて朝四時起床。成田空港ではこうはいかない。サムソナイトの音たてて家を出る。気が気でない。

音のしない製品ってないのだろうか。今にも雨が降りそうな夜明けの出発は高揚感にとぼしい、むしろ気が重い旅立ちであった。

日本中国文化交流協会の「日本演劇家訪中団」一行五人、斎藤憐さん、結城孫三郎さん、山口果林さんと日中文交の小阪裕二さん。森塚敏さんのあと日中文交の常任理事となり、そんな関係で私が団長ということになった。出発間際まで、いろんなことを言われ、心配もされ、ちょっと気にもなった。なんせ日中が国交のない時代からの文化交流を続けてきた日中文交の事業、この会にまで何かがあったらどうしようもない、と思ってはいた。北京、厦門、泉州を歩く一週間。二十七日、何事もなく成田に着いた。とにかく中国の巨大さは筆舌に尽し難い。今年はめずらしく五月にも訪中した。この時はアジアの演劇にかかわる大学が集まる一種の国際会議だった。日本大学芸術学部演劇学科の講師としてシンポジウムに参加。春風、緑燃える一週間は明るく楽しかった。あれから五カ月、トラブルめいたことはなかったのだが、心に一物あって、つかれた。つき合った演劇人は皆気持ちよい人たちであった。帰国した今は、『黄昏』――めくるめくゴールデンポンドの畔《ほと》りに心のぬくもりを求めたい。

（2010年10月30日）

古稀を迎える

夜、とある劇場で偶然同席した仲間と今観た芝居を肴に一杯、談論風発。若いころは舞台がよきにつけ悪しきにつけ時の経つのも忘れ盛り上り、話の種はつきず。午前様は当たり前であった。

今年もはや十二月、来年は古稀といわれる年齢に達する、その心ばえははなはだ複雑、一言で表現する言葉に窮する。ところで、今日の芝居、若い演出家と製作者の意見は、ある所で一致するも、お互いの立場の違いは明確、熱っぽいが私の不満はたまる。十一時頃に店を出、家路につく。ちょっと疲れたなーと思いながら京王線、各駅停車に座って本を読み始めた。どの辺であったろうか、ある気配を感じた。右斜め前方、優先席の前の吊り皮につかまってうつむいている五十歳がらみの男に目が止った。立派な黒のオーバーを揺らしながらポケットから小さな箱を取り出し、やおらタバコを口に火をつけた。ほとんどの人達が気づいていない瞬間の出来事であった。紫煙が立ちこめた頃、少なくとも目の前の人達は気がついたはずだ。その距離四メートル弱であったろう、一部始終を目撃していた私はいきなり「タバコ、やめろ」とどなっていた。私のとなりに寝こんでいた若い男は、とびあがって目をさました。マスクをつけた若い女性は一瞬目を開き、閉じた。あまりの大声にシラーとした名状し難い状態の中、その男はゆっくりと左手の指にはさんだタバコを床に落とし、スローモーションのように靴で踏みつぶし、両手で吊り皮を持ちなおし、その中に顔をうめた。

目をはずさずその様子を睨みつづけていた私の身体に緊張があったのは確かだが、意外に冷静、相手の出方に注意していた。

「いつでも来い」という感情であった。

それから三つ程駅が過ぎて、男はなにごともなかったかのように、車外に消えた。

ほかの乗客もまた他人ごと、我関せず、何人か降り、何人かが乗ってを繰り返し、私は終電に近い車中の物言わぬ乗客の一人として、いつもの駅にたどり着く。ブルーベリー畑の紅葉が駅のホームからもれる灯りを受け、おぼろげに浮かび上るのを横目に歩き出した。

その日から数日、うつうつとして気の晴れない日が続いた。

あの男に対する自分の行動がいかなるものであったか。近づいて「やめて下さい」と言うべきか、沈黙を通すべきであったか、諍いから暴力行為に及んだか、わからない。

気合を込めた声であったことは確かだが、やみくもに発したとは言えず防衛本能は働いていたと思う、が、何故あんなに激したのだろう。ともかく芝居の中の出来事ではない。なあ、やめろよ、粋がる年でもあるまいに。

年の瀬が近く人それぞれの生活をのぞき、あれこれ忖度することなどするはずもなく、あくせく生き、何が起こっても不思議のない時節である。一年中切れ目なく芝居に明け暮れ、成功に涙し、感動に打ちふるえる、ほんの一握りの小さな社会の片隅にすぎないところに、劇団の日常がある。しかし舞台に登場する事件は、それこそ地球最後の日だって、平気で二、三時間の芝居にしてしまう。日を置いてそんなことを考えるようになり、平常のリズムに身を置くようになっていった。

十一月二十八日『黄昏』千穐楽の日、我儘を言って茨城県つくば市、筑波大学キャンパス陸上競技場をスタートして戻るフルマラソンに出場した。三時間五十分台で完走し、紀伊國屋ホールのカーテンコールに間に合うつもりであった。しかし、ゴールを目前に大失速、頭がもうろうとするなか何とか走って（?）ゴールイン。タイムもクソもない惨敗、いやはや、四時間七分もかかった。劇団で行なわれる打ち上げの現場にはかろうじて顔を出すことが出来た。

今年は『赤シャツ』『妻と社長と九ちゃん』『あおげばとうとし』三作品の全国公演があり、新作『つちのこ』旧作『昭和の子供』『黄昏』も高い評価を受けて大いに健闘した。そして来年も三本の作品が旅に出ることになっている。一方、世間一般では芸団協、音議連が中心となって文化芸術の力で「こころ豊かな国に」との声も高まっている。今さらなんだと言いたくなるが、まずは我が足元をしっかり固めなければならない。というわけで、来年は「第二十二回玉川上水元旦フルマラソン」大会に出て古稀に備えようと思っている。

（２０１０年12月25日）

近況

三月七日毎日新聞夕刊は、一面に大きな写真と共に「七日の日本列島は、南から接近した低気圧の影響で太平洋側を中心に各地で雪が降った。東京都心でも同日午前、一時激しく雪が舞った」と報じた。我が街の駅前に咲き始めた一本の河津桜は雪をいただき、自然の重みを一身に受けとめた雪帽子のような姿に、赤い灯を燈す桜花、といった風情は、けなげで、力強くめったにないいいものをみた。折しも三月六日、世は啓蟄、春の訪れをにぎにぎしく報じた翌日である。

昨年から火曜～金曜週四日の非常勤になり、四十七年の劇団生活に大きな変化をもたらした。もっとも、だからと言ってあとの三日、家でじっとしているわけではない。四月になると母校の大学講師。全国にある演劇鑑賞組織の総会や創立記念日に出席、各種五つ程の演劇、文化関係の協会、文化庁関連の会合、他に月五、六冊の読書、年百八十本ぐらいの観劇、十㎞、ハーフ、三十㎞、フルマラソンレースを十回程。ちょっと待った。貧乏暇なし、すっとこどっこい人生風車気取りですかい。ま、そんなところでしょうか。

三月五日は昭和三十五年（一九六〇年）日本大学芸術学部映画学科に入学した者たちが、卒業後同窓会をと、適宜日を決めて集まっていたが、日時を決めるのが面倒になり、ならば昭和三十五年を三月五日にあて、この日を定例に、今年三回目の「三五会」であった。

ところで、この日もう一つ会があった。二〇〇八年創立百年を迎えた福井県立三国高等学校を卒業上京した人達が、「東京九龍会」なる同窓会を組織、毎年総会、懇親会を催し、今年の準備会は五日午後二時半から、私は両方に出る。律儀というか、万障くり合せるといった塩梅で、昼酒を飲むことになった。八十歳から六十歳代の年齢になる役員が事務局長宅に集まり、打合せの後は夫人丹精の手料理をつまみにお国訛り丸出し、談論風発この上ない宴となる。三国は北陸でも有数の漁港、地元から取りよせて下さった食材に舌鼓を打ち時を忘れる。とりわけ大先輩たちの会話は楽しく東京生活六十年、七十年なのに見事な田舎の言葉を話し、久しぶりに故郷の日常にひたる気分になる。童心に帰るというか、お国自慢もここに極まる。私などは東京生まれ、奥能登、芦原、三国、転々として育った者には、なかなかストンと彼等の会話に入れない。ともあれ、この寄り合いは貴重な文化である。演劇は言葉そのものが生きていて、諸々の意味を醸し、人の心の中にせまるものである。その温かさ、厳しさ、そして楽しさの原点のようなものがこの会のなかに匂いたつ。

宴半ば、席を辞す。土曜の賑わいに彩られる戸越銀座をかけ抜け青山に急ぐ。ＮＨＫ青山荘がたいがい「三五会」の会場。たどりついてみると妙な雰囲気。それもそのはず、昨夜厨房かどこかの配管に事故があり使用不能になったとか。急遽近くのフロラシオン青山に会場を移したとのこと（幹事は大変だ、御苦労さん）。私達の業界がよく使う所で、居合わせた何人かを案内するかっこうで移動した。個室ではなく、レストランの一角に席を作り二十数人がテーブルをかこみ、一人一人立って近況を語るわけにはいかないが、膝を突きあわせ熱い語らいとなった。入学して五十一年、卒業は皆バラバラ、各地に散っていつしかまた集まって名札を胸につける。
　映画監督神山征二郎氏も出席していた。彼とついさき頃、ある劇場でとなり合わせ、彼が撮った『学校をつくろう』の試写会切符をもらい、さっそく観た。専修大学を創った人達の若き日、学校創設に至る映画は、実に格調高く、理想と使命感に燃えた気持ちのいい快心の作品だった。私はその高揚感さめやらぬある日、書店で『日本巨人伝 山田顕義』に出会う。吉田松陰門下、幕末、維新に活躍、日本大学を創設した人物である。何故今頃こんな勇ましい題名の本が出たのかは知らぬが、先に観た映画のイメージがよみがえり、母校も先人に学びなおさねばの思いに憑《つ》かれ、酒の勢いもあり、我が学部出身の名だたる芸術家に語らい、即刻映画製作に取りかかるべきだとわめいていた。聞くところによると某大会社に話がいっているとのことであったが……。三五会の幹事がまとめた名簿によると、会員一五五名のうち連絡のつかない者三十五名、出席二十二名、欠席七十七名、死者二十一名とのことである。この世に生をうけて七十年、一つの現実である。
　おっと、鈴木聡作『をんな善哉』はどうなった。作家の身中に。生みの苦しみはあと少し。前評判は上々。満を持する、我等青年座の近況である。

（２０１１年３月10日）

　三月十一日午後二時四十六分、東日本大震災発生。その惨状に茫然自失。夥しい犠牲者の皆様に哀悼の意を、そして被災の方々に心より御見舞い申し上げます。十二日からの『赤シャツ』演鑑東北ブロック公演二十八回の旅は総て中止。一日も早い日常復帰を念じるばかり。皆様にはくれぐれもご自愛下さい。

（２０１１年３月15日）

演劇、問い続ける日常は

劇団の楽屋に設けてある台所で、若い役者や演出部員が集まって何か作っている。

「桜もち、もどきです」「へえっ」。

『をんな善哉』は和菓子屋が舞台、今日は和菓子研究家が稽古場で講習をするそうである。

気温がどんどん上り、風もほとんどなく、春、まっ盛り、あったかい外気を次々にすい込んで稽古場のにぎわいは華やぎさえ感じる。

昨日の四月十一日は、東日本大震災が起こって一カ月。被災地全域で黙禱。そして十二日、日本のプロ野球が始まり、全球場は黙禱、プレイヤーは喪章。劇団では男、女七人の若者が仙台に入ってボランティア活動を続けており、ほとんど毎日地震です、と言ってくる。彼等を出すについてはずいぶん迷っていた。製作部長には「特攻隊はダメだよ」とだけ言っておいた。あんな大きな余震が続き、死者も出ていることを考えれば、当然の迷いであろう。この経験はめったにあってはならない。ともあれ私達の行動が早かったのか遅いのか、それさえ今は判断出来ない。

『赤シャツ』東北各地の公演が総て中止された現実は痛い、などを通りこしてそれは重大な劇団状況を意味している。が、それを決して口にすることをしない座員は新作創りに専念している。私の思いは願わくば『をんな善哉』を東京も大阪も超のつく満員にして、東北の仲間に元気を送りたいのである。大阪の五月二十九日千穐楽には、五十一年前福井県立三国高等学校を巣立った同窓生が集合し観劇する計画をたて、幸い仲間の賛同を得て準備を進めている。

私達があの三月十一日以来過ごしてきた日常は、一九四五年八月十五日、日本が戦争に敗れて以来の絶望的、荒涼たる風景に比するのではないか、と書いて、これは後知恵が言わせるもの、私はあの時四歳の疎開餓鬼にすぎず、何も憶えてはいない。そんな男が長じて演劇の世界に生き、七十の歳を迎えている。その間自分はいったい何をしてきたのか、これがさっぱり具体的な像を結ばないのである。そして思う。演劇、演劇界っていったい何だろう。このひと月、そんな自分の想いにとじ込もり、ふさぎの虫にとらわれていた。

何んとか日常生活習慣の一つ、走ることに総てを忘れ、三十㎞、四十㎞、走りつづけた。一人で。そして、長年読み続けてきた作家宮本輝の近作『三十光年の星たち』の中に余生と言う語をみつけ、若かった作家が六十歳を過ぎ、このような言葉を刻みつける小説に愕然とし、落ち込んでしまう。今年芥川賞をとった西村賢太のどの作品にもそのような言葉はない。この私が勝手に決めつけて頭を離れない想いは何か。さいわい、六十四歳の小説家が書く人物それぞれの三十年後の姿を想像し、救いを感じたことは確かだ。

東日本大震災後たくさんのお見舞をいただいた。北京、フランス、韓国など外国の人達からも。韓国の演劇関係者の見舞状は十一団体、七演劇機関、十二人の演劇人、中には十年来の友人が何人も入っており、演劇界上げてのメッセージには名状しがたい想いが込められていた。私はこの文章にふれた時から、何をやってきたのかわからない、というようなことを言った自分の中に、言葉には出来ないある実態を認識出来たように思った。このメッセージに対して我々の側も「韓国演劇人のみなさまへ」お礼状を差し上げた。それに署名した団体を列挙しよう。

社団法人日本劇団協議会（会長西川信廣）、国際演劇評論家協会〈ＡＩＣＴ〉日本センター（会長西堂行人）、日本演出者協会（理事長和田喜夫）、日本劇作家協会（会長坂手洋二）、特別民法法人国際演劇協会（会長永井多恵子）、日本新劇俳優協会（会長小沢昭一）、日本新劇製作者協会（会長水谷内助義）、財団法人北海道演劇財団（理事長荻谷忠男）、社団法人日本演劇協会（会長植田紳爾）、日本舞台音響家協会（理事長渡邉邦男）、日本児童・青少年演劇劇団協同組合（代表理事大野幸則）、アシテジ〈国際児童青少年演劇協会〉日本センター（会長内木文英）、日本舞台監督協会（理事長小川幹雄）、関西俳優協議会（会長田中弘史）、全国演劇鑑賞団体連結会議（事務局長高橋武比古）、全日本リアリズム演劇会議（編集長後藤陽吉）、公益社団法人日本照明家協会（会長沢田祐二）、非戦を選ぶ演劇人の会、日韓演劇交流センター（会長大笹吉雄）、以上である。総合芸術という演劇の一つの現れであり、田中氏、荻谷氏以外総ての方々と言葉をかわす、仲間、あるいは同業の士である。

私の演劇っていったい何んだろう、と問い続ける日常はこの先まだまだ続いていくであろう。

（２０１１年４月12日）

記憶にない、記録

「青年座・セレクション」の夏がやって来た。創立時「創作劇をやっていく集団です」と宣言したこの理念を、今生きる若い座員が忠実に受け継いで「私達の皮膚に触れる空気」を共有していこうと始めて三回目。

二〇一一年の夏、とりわけ酷暑の厳しさが感じられる今、創立時、戦後九年の東京に生きて徒党を組み芝居を始めた創立者達の心模様を忖度せざるをえない気持ちになる。先の見えない混沌の中、芝居に光明を見出した彼等が「劇団青年座」を残し、総て鬼籍に入った翌年にあたる今年二〇一一年、「芝居どころではない」と言われる情況が出来する。「私達の皮膚に触れる空気」は、国破れた現実に晒されていた「若者」とどこがどう違うのだろう。

私の古い友人があるところで三月十一日に大震災が勃発したと書いていた。「勃発はないだろう」と思わず言いつつ、その後、次々に明るみに出てくる原子力発電所「フクシマ」にまつわる現実は、〝放射能汚染戦争勃発〟を思わせる。つい最近の新聞にミサイル直撃があっても大丈夫と言った記事が報道されている。さすがに日本ではないが、しかし、これ、誰が信じますか。

宮本研さんの『ほととぎす・ほととぎす』は、青年座創立二十五周年を記念し発表された。一九八〇年六月、七月に清水邦夫、別役実、石澤富子、高桑徳三郎さんらの新作を一週ずつ次々に青年座劇場で一挙上演。一休みし九月、十月日替り公演として続けられた。設備のととのったレパートリー劇場ではない、小劇場。自分達が自由に使えるというだけのことで、こんな企画が実行され、大向うからは「青年座らしい」と言われ結構得意になっていたことを鮮明に覚えている。

『ほととぎす・ほととぎす』の脱稿は遅れに遅れ、初日まで一週間は切っていた。この製作は総て故金井彰久と私の連名となっている。私は三十九歳、この世界に入って十五年は経っていた。そして忘れられない出来事、創立メンバーの一人中台祥浩が胃がんに罹り（前年に初期発見されていたにもかかわらず逃げまわっていた事実があった）、それでも舞台に立った。やせ細った台さん（私達はそう呼んでいた）は劇団の隣にある井上病院に入院しており、その病室から本番の時間に合せて、私が迎えに行く。

「お前達は鬼だ」と他の入院患者に言われた。彼は清水さんの『青春の砂のなんと早く』に出演していて、出番が来ると上手舞台ソデに連れていき、抱きかかえ、セリフのきっかけに合せて押し出した。この場の舞台写真が残っている。何故こうまでしたのだろう。彼の意志であり、当時のスタッフの総意であり、創立メンバーの選択でもあった。今思えば無茶としか言いようがない。六月十五日千穐楽後、台さんは虎の門病院に入院、七月二十六日逝去。命のギリギリ、燃えつきるまで舞台にしがみついたすえの死であった。最後の一週間は、台さんが危ない、と言って病院にかけつける、そんな事をくり返し、劇団中がへとへとになったあげくであった。夏の盛りの八月三日、青年座劇場で座員初の青年座葬をとり行なった。この出来事が強烈であったことと言ってしまえば舞台に対し不謹慎になるが、『ほととぎす・ほととぎす』の片岡中将を演じていた森塚敏さんをはじめとする役者達の芝居を忘れてしまったのではなく、何故かほとんど憶えていない。私にとって不思議な作品である。「青年座・セレクション」の現場は数ある研さんの作品の中からこれを選んだ。三十一年の時を経て、キャスティングされた役者のイメージをからめながら読み進めると、まったく新しいファンタスティックな舞台しか浮かばない……。これは当然であろう、真夏の東京、躁状態のまま、木造時代の代々幡斎場、夜通し、乱痴気騒ぎの通夜の果て……。代役を立てて秋の日替りをのり切った。思い返すもなつかしい「五人の作家による連続公演」の中から切りとった『ほととぎす・ほととぎす』である。

先だって福井の三国高校同級生から数枚の写真が送られてきた。『をんな善哉』大阪公演を見に来てくれた仲間と、終演後の高畑淳子を囲む記念写真であった。ごった返す楽屋は人であふれ返っていた。淳子が「水谷内さんも入って下さいよ」と言うので、それじゃあということになったが、彼女と一緒の写真など、ついぞ記憶にない。卒業以来五十一年後の面々の笑顔の可愛いこと、それに応える淳子の若さとかがやきはひときわである。芝居を見終った観客と役者の中にしかない充実があふれている。二時間半にすぎない出会いがもたらしたもの——。それぞれの日常に潤いをもたらすもの。

（2011年7月12日）

秋に想う

九月某日、劇団の代表取締役森正敏から、今年椎名さんの生誕百年にあたり記念講演があるので出てもらえませんか、と言われた。自分より先輩はまだ何人も居るのに何故俺が、と思ったが、引き受けることにした。「キリスト教文化研究プロジェクト主催公開研究会」が、「椎名麟三と戯曲（椎名麟三文学の戯曲の面白さ）」と題して十月一日（土）午後、明治学院大学白金校舎で行なうと言う。

それに先だって「椎名先生の思い出」を書くことになりあれこれ思案している時、ふっと父親のことを思い出した。父は明治四十三年九月十五日生まれ、先生は四十四年十月一日。私は思い出に「椎名先生生誕百年を教えられ、不遜にも私は亡き父のことを思い出した。父は先生より一歳上、昨年ソウルに行った時、日韓併合百年の年ということでいろんな動きがあった。百年が遠い昔ではなく、我々が生きている身のまわりに太く、細く、多くのつながりがからみあっていることを、今更のように教えられた。私は小笠原父島より復員し左官職人に戻った父の願望を尻目に一抜けたを演じ、結果疎開先の田舎を脱出、生まれ故郷の東京へ。色々あって青年座の演劇製作部員になった。そして作家という人に初めて出会う。」と書いた。八月二十一日七十歳になった私は、父の生前の年齢にあと二年と近づいたことに、ある感慨を持った。十八で親元を離れた私は日々をともに過す事を放棄したことであり、したがって思い出めいたものは断片的にしかすぎない。晩年は、糖尿病からくる病いでほとんど看病する母と一緒の病院暮らしだった。反面教師と言うのだろうか、糖尿病予備軍の私は、父の轍を踏まぬ生活習慣にこだわる。が、このご時世父の年齢を越える保障は何もなく、ましてや亡母の八十二歳をこえることも。

高校時代、いつ頃か定かではないが、父の「軍隊手牒」を手に入れ、以来ずっとお守りのように所持してきた。勅諭、勅語などずっとあって軍の履歴が出てくる。「第九師團、歩兵第七聯隊第三中隊、官等級 上等兵 軍曹長」、「上等兵」「軍」の字に二重線が引かれ最終的には曹長ということだ。現役、豫備役、後備役。服役年期が昭和五年~七年、昭和七年~十三年、十三年~二十三年三月二十一日とある、まさに昭和六年から始まり、二十年に終わる日本の十五年戦争に、どっぷりつかっている。履歴、出戦務には小さなペン字でぎっしりと六ページにわたって記入されている。判読出来ない所もあるが、最後の方に復員してきた証拠のような記入がある。「昭和十九年十二月二十五日以降小笠原諸島父島ニ在リ大東亜戦争勤務ニ従事（内閣告示第十五號に依り加算一ケ月ニ付二ケ月）○」、そして最後に「復員ノタメ　月　日父島二見港出発○月浦賀港着○月　日復員完結○同日召集解除○」（○は朱色である）とある。これはいったいいつ、誰が、どこで記入したものであろうか。ずっと疑問のままである。しかし、生きて帰った父は左官職人に戻り点々とし、一家が一つ所に住むようになって弟子を何人もとり、夜になると酒を飲みながら彼らを正座させて説教をたれていた。この光景は私の最もいやな記憶であった。

そして十八の時東京の大学に首尾よく入学、最初にやっかいになったのが中目黒の叔父の家でソニーに納入する部品工場が階下にあった。九十二歳で亡くなった叔父は晩年油絵を描き残し、私はその見事さに触れ、同じ職人として父の一生との違いに驚いたものだ。私が椎名麟三先生に接した年限はわずかなもの、文学者の一生の何んたるかを語る資格などまったく持ちあわせてはいない。それ以上に父を語る術を持ちあわせていないことに驚く。

ふたくちつよし作『切り子たちの秋』が幕を開ける。いい機会がめぐってきた。現代日本の町工場に生きる最先端の匠《たくみ》が何かを教えてくれるはずだ。

（2011年10月1日）

思案橋

二〇一二年。「初春」にあたってささやかでもいい御利益を賜わりますよう、「八百万《やおよろず》、ご機嫌うるわしき年を祈って」おります。

今年の「THE青年座ユース」の案内状をつくづくながめながら劇団の活動が始まったことに安堵し、「御利益」って何んだろうと思いながら五つに折られた一ページ一ページに目を凝らす。素朴なよろこびがわいて、この通り舞台がつつがなく上演されるよう、心から祈ります。年頭にあたり、どうぞ御覧下さいますように。と申しながら、まだまだ昨年の日々を拭い取ることが出来ず、うだうだしている自分に気がつきます。人それぞれに特別な時間、年月があります、二〇一一年はめったに経験することの出来ない年であったことは確かであり、それは今後ずっと続いていくものでしょう。

私にはいい年をした一人娘・安見子がいます。二〇一〇年の秋口、「お前も俺について、少しは走ったらどうだ」と半ば強制的に申しましたところ、しぶしぶ付いてくるようになり、それが意外と長つづきして、結構走りが様になって身贔屓ですが能力の高さを示しました。そこで一年が過ぎたこともあってレースに出すことを決め、私の初レースであった故郷の福井マラソン（ハーフ）にエントリーしました。十㎞を一時間弱で走る力ではちょっと不安もありましたが、一緒だから何んとかなるよ、とうまくのせまして、十月二日快晴の福井市、当日を迎えました。

スタート地点は福井銀行本店や市役所、福井城あとの県庁が近く、宿泊ホテルもそばにある市の中心地です。ウオーミングアップも終り九時五分の、スタート時間が近づいた頃、めずらしく強い尿意をもよおし、さて、とさがしますが、公衆も特設も一杯、かといってどこか路地をと見まわしてもそんな場所があるわけもありません。これはホテルの自室に行くしかない。自分一人ならどうにでもなるが、ど緊張の体でぴったりとくっついて離れない娘がいます。何にしろ初レースですから。用を足して、スタートラインに向うが、次の五㎞のランナーが道一杯、ぎっしり埋めつくして動きがとれず、人をかき分けかき分けて何んとかたどりつきました。

すでに一団は影もかたちもありません。市内で一番広い道路の中央、福井鉄道のレールが朝の日に光りかがやくだけです。とにかく走り出しました。二百ｍぐらい行って後ろに娘がいないことに気がつきました。

「……!?」くっついているとばかり思っていたのです。足羽川にかかる大きな橋を渡り切って止まり、待つ。五㎞の参加者が最も多く、あの人波にのみ込まれてしまったらおしまいです。

心配とあせり、不安は増すばかりですが私の体は前にじりじりと進んでいます。子どもじゃあるまいし、人間の壁を突き抜けてくるだろう。しかし、こない――。戻ってさがし出そうと逆走を始めました。すると橋の彼方から白と濃紺の帽子がちらりと一つ見えてきました。私達は合流し、二人だけのレースが始まった。すでに四分は過ぎていました。

お互い言葉はありませんが並んで息を合わせ、しっかりとした足どりを感じ、先をめざす。さらに三分ぐらいかかって最後尾のランナーをとらえると、自然に自分のペースが上って、一生懸命についてくる娘に「俺の横につくな、後ろについて自分のペースをまもれ」と指示、ピッチを上げてゆきました。

一km四分後半ぐらいのペースで後方の人達を抜くばかり、同じ力のランナーに五分以上置かれておりますから競う相手がみつかりません。気になる娘は、私が思った以上に力強く、折り返し点に向っていることがわかり、力一杯の声援を送りゴールを目ざしました。

レースは無事終り、娘の記録は、ミスを犯しとんでもないハンディを与えてしまったにもかかわらず、予想以上。燃焼しきったのでしょうか、体全体が屈託一つない笑いに満ち、私にふりそそぎます。湧きあがる感謝の気持ちを胸に、私は応援にきてくれた福井在住の二人の弟達と喜びをわかちあいました。

埒も無い些細な私事を書きつらねました。今年こそ無事な日々でありますように。

（2012年1月17日）

母ちゃんの手紙

三月十一日が、あっと言うまに通りすぎていった。五十代半ば、被災地の男性が失った母の思いを「母ちゃんに申しわけない」と涙ながらに語る。本当に久しぶりに「母ちゃん」を耳にし、私の想いは空にとんだ。

拝啓　助義さんお便り拝けんしました。東京は思ったよりつらい所でしょう。其わ（それは）まだおまい（お前）がなれんからですよ。お金がない（何んで必要になったか思い出せない）とかの話で家の方から送るつもりでしたがせん月わあまり金ねがいった（かかった）のでくみ（父は左官職人、建設会社の仕事を請負う）からもかりられず政子（次姉、中卒、集団就職から戻って地元で働く）にすぐ送ってやってくれとたのんだら、すぐ送るとゆってくれたのですが、まだつかんかね。家のかんじょうは五日（勘定日）でなければはいらないのです。其れでよんどこまったばわい（よっぽど困った時は）には寺井の家にいってかりなさい（目黒に住む母の弟の家）。其のかわり送たのがついたばあいにわすぐかいしなさいよ。母ちゃんからも光男の所え手紙おだしておくからね。おまえが大学にでたいごにわ（入った以上は）なんとかして人にわらわれないようにそつぎよ（卒業）までいまから四年かんのあいだがんばらなければと思って父ちゃんも母ちゃんも毎日朝わはよから夜おそくまでがんばって居（い）るのです。健次（弟、父に弟子入りして修行中単車の事故にあう）もちかごわ（近頃は）足にさぽうたおはめて、つえおなるたけつかわんようにしてあるいています。おまえわすぐ風邪しくようだが夜わなるたけはやくねなさいよ。うただねわせんようにして体大切にしてなにしろ一《ひと》りのことやで（だから）なにぶんときおつけなさいね。朝でも学校にゆくときわのりもん（乗りもの）にきおつけなさいよ。お金がいっても（かかっても）けしてむだづかいわしなさるな其うかとゆっているものわしかたがない（必要なものは仕方がない）のだからね。なにやかやとして居るうちにぢき日がたつものです。もう五月ですからね。夏休はぢきですよ。又よんどほしいもがあったばあいわゆってよこしなさいよ。送ってあげますからね。母ちゃんもおまえのしっているとうりあいかわらず福井ばかりに（仕事の現場は当時では福井市の大きなビル）居るのです。芦原（一家が住んでいた芦原温泉、両親と末弟はほとんど飯場暮らし）のおまつりは七月八日ですがなにやら一《ひと》りでもいない（私が上京したので）と淋しくかんぢます母ちゃんわ七日の日に芦原にかいり本年わたいしたこともできませんがまねごとだけでもしてやろうと思って居るのです（東京のお屋敷奉公で身につけた料理は天下一品であった）。中根館（高田馬場諏訪町二丁目の二食付の下宿屋）の電話わないのかね。もしあったらしらせて居（お）きなさいよ。なにかといそぎのようのばあいがあった時にこまりますからね。もうついているころだと思いますがもしまだお金がつかんばあいにわ助義のともだちにでもかりなさいよ。ともだちとわなかよくしていつもいったりきたりしなさいね。おかがいに（おたがいに）こまる時わたすけあってやりなさいよ。なるたけしんせきのやっかいにならないようにしなさいね。おまいがすきでいったんだからどんなつらいことがあっても男子として、はおくいしばってがんばりなさいよ。けしてわるいことわしてはいけませんよ。父ちゃんも母ちゃんも文子（長姉、中卒、集団就職ののち地元にもどる）、政子もなみたいてい（並み大抵）でわないのですからね。其れおわすれてわいけませんよ。では身体大切にして元気おだしてべんきょうにはげんでくださいね。こんどの夏休にかえるのをいまからまって居ります。手紙お書きつけんできれいにわ書けんけどまあよくはんだんしてよんでくださいね。ではこれでやめますさようなら。

母より

助義様

この手紙は一九六〇年五月、母四十六歳、私が十八歳の時のものです。話し言葉をそのまま文字にしている（誤字、脱字、送りがな、句読点もそのまま）。この頃は東京弁が主でそこに疎開した能登、そして福井の越前ことばが混じる。土地の言葉にいちはやく体当たりでなじみ、生きている姿が、手にとるように伝わる。小学校もろくに行かず女中奉公に出た文章は私の宝物です。八十二歳で逝った母が後にも先にも唯一、書いた手紙ではないかと思う。親子のつながりは今も決してうすれることはない。八木柊一郎作『国境のある家』初日が近づく時、家とは何か、絆とは何かを考えていた。

（２０１２年４月６日）

二〇一二年、その貌

昨日と今日とで八度も九度も違う日が、一回はともかく二回三回くり返されるこの五月。平穏な、一年で最もすこやかな季節とは、とても言えない。そんな日常を過ごす。

若さにまかせ突っ走る年代ならともかく私達のような年になると、つい、ふっと立ち止ってあれやこれや、とり立てて何んと言うこともない、つまらないことにこだわって考えこんでしまう。

劇団にとって最も大切な、命の綱とも言える「THE青年座ユース」会員の皆様にお送りしている『ユース通信』に短文を書き始めて丸二年が過ぎた。二〇一一年一月号に「何が野望かわからない」が「挑戦の年に致しましょう」と、林望氏の『謹訳 源氏物語』を読むことを宣《せん》し、「三日坊主にならぬよう、自戒をこめて」と書いた。この時すでに五巻（全十巻）まで訳が進行していたと思うが、乱読を自認する私としては、これに集中するわけにもいかず、合い間合い間に「源氏」にもどり楽しんできた。何せ想像を絶する物語世界、私のような無知な門外漢には到底歯の立つものではない、が訳者の文章に惹かれ、なおかつ引きずられ読み続け、今まで経験したことのない読書の醍醐味を味わうことになった。とは言えあれから一年も過ぎ、いくらなんでものんびりが、すぎると言うものだ。ところが、三月も末、思いもよらぬことが出来した。

私の義弟の妻が亡くなった。実は昨年三月十一日あの大震災のすぐあと、彼女は府中市の病院に脳腫瘍の緊急手術のため入院、大手術が行なわれた。私達も病院にかけつけ長い長い手術の間、待ち続ける義弟を見舞った。幸い手術は成功し、彼女は強靭な生命力を発揮し、退院、日常生活に復帰した。そして、その後もいろいろあって入退院をくり返して来たが、医師の宣告をはるかに上回る生をまっとうしてきた。

三月三十日、作曲家「林光さんを送る会」に出、帰宅し家人から、来る時がきてしまったことを聞いた。

四月二日千歳烏山にあるお寺の通夜、葬儀は親族のみという、ごく内輪でいとなまれ、その時林望氏にお会いした。氏は彼女の兄でした。その時、問わず語りにかわしたのは、私が第五巻を読み終えた日と、林望氏が第八巻の訳を脱稿した日が、彼女の亡くなった三月三十日であったことでした。

私の読むテンポが上り、「若菜」「柏木」「夕霧」「御法」と源氏物語の山場と言われているところにさしかかり、夢中になって読みふけるなか、しばしば義弟夫妻の、今時、類まれな仲むつまじいカップル、いつ会ってもういういしい、うれしくなるような姿が、うかぶのでした。そして五月十三日、彼女の七七忌がいとなまれ、私は林氏の訳業にようやく追いついたことを告げた。

その頃になると、世間は「スカイツリー」のオープニングと「金環日食」の話題でもちきりとなった。五月二十一日の夕刊は各社とも練りに練った言葉が一面に踊り、見事な金環の像がスカイツリーにからめ紙面を飾っていた。中でも東北南部から九州南部の太平洋側にかけて広範囲にわたって金環日食がみられたのは、平安時代の一〇八〇年以来九百三十二年ぶりということだ。ちょっと、ピンとこない、東京だけで言うと百七十三年ぶり、いずれにしてもこれは明るい話題でこの経済効果は何十億円、そして次に東京で見られるのは三百年後の二三一二年だそうだ。

朝七時三十分頃、曇り空、時々日の射す世紀の一瞬を待つ人をやきもきさせる天候の中、あちこちで空を見上げている人を尻目に一人走り続けていた。そして平安時代以来の出来事であるという事実が頭の中をかけめぐる。光源氏をとりまく人びとが浮かび、紫上がとうとうみまかり悲嘆の涙にくれる光源氏に、大の天文ファンである義弟は、どうしているだろう、との思いが重なるのでした。

かくして五月もあますところ数日、「青年座・セレクション」『国境のある家』の家族像と、六月十四日に幕を明けるポリー・ステナム作、小田島恒志・小田島則子訳『THAT FACE～その顔』のまだみぬ家族のイメージが錯綜し、舞台に創られた虚の時間に翻弄される芝居屋稼業の不思議をつくづく感じるのである。

（2012年5月27日）

真夏の夜、「光る根雪」

六年の冬眠から醒めると真夏であった。八月二十日新国立劇場・小劇場に青年座初登場、第五次『ブンナよ、木からおりてこい』の活動が始まる。

二〇〇六年、第四次を立ち上げた時のパンフレットに私は書いた。「二〇〇四年九月八日午前七時十六分、長野県東御市東御牧、勘六山の仕事場において水上勉先生は逝去された。享年八十五歳。コスモスが咲き、リンゴの色づく、抜けるように鮮やかな秋天の日に——。一九七八年四月二十八日、青年座劇場で幕を開けた水上勉原作『ブンナよ、木からおりてこい』初日以来、実に四半世紀をこえる先生との絆が絶たれた。と言うのも、私達が、篠崎光正、宮田慶子、鈴木完一郎、三人の演出家によって上演してきた『ブンナよ、木からおりてこい』を見守り続けていた最大の理解者にして庇護者、応援者とのお別れであったからだ。ブンナは二〇〇〇年九月・十月、ニューヨーク、ソウル公演以来休眠に入り、先生が亡くなられて三回忌となる今年、黒岩亮演出、第四次ブンナを立ち上げた。もう励ましの言葉をいただくことは出来ない」と記し、深い喪失の想い消えやらぬ日々が続くなか、それでもブンナ上演行動を開始した。この時のパンフレットは二〇〇〇年にニューヨーク、ソウルに行った時、先生の励ましの文章を再録した。その最後に、「私も八十一歳になった。八十一の九月にこの芝居がニューヨークとソウルまで行くとは思わなかった。もし、ブンナが世界中の子どもに訴えようとするものがあれば、それは原作をかいた時からの根雪のようにあったものが光りはじめたのだと思う」。

先生は出掛けるおつもりであったが実現しなかった。もし出発が一年遅れていれば、二〇〇一年九月十一日にまともにぶつかっていたことになる。そんなことを思い出しながらの第四次は、一九八一年以来二十五年振りの北京公演を実現して終った。

それから二年後、耳よりなニュースが入ってきた。横浜に拠点を持つ「お母さん大学」（百万母力の子育て。老若男女響学。教科書水上勉『ブンナよ、木からおりてこい』）がブンナ、ワシントン公演のツアーを組んでいると言うのです。そう言えばある日水上蕗子さんから、宮本亜門氏がアメリカの演劇人を使ってブンナのミュージカルを作りたいとの申し入れがあったが、どうだろう、と言ってきた。私にNOという権利はない。そこで鈴木完一郎演出のブンナ台本と、この舞台がNHKテレビの「子供の日」特番で全国放送された（二回目の一九九七年版）ビデオテープを求められるまま手渡した。そんなことをすっかり忘れていたのだ。二〇〇八年二月七日から十日、ワシントンDCケネディセンター「ジャパン・カルチャー＋ハイパーカルチャー」の演目『Up in the Air』、つまりブンナアメリカミュージカル版を観る。そしてアーリントンのケネディ兄弟の墓参、アメリカ合衆国政治の都を走りまくり、ニューヨークに寄って帰国した。

第五次のプランは二〇一〇年に動き始め、決定に到る過程で「２０１１・３・11」に遭遇した。ブンナの再開に思わぬプレッシャーがかかった。この芝居が「生きるよろこび」「生命賛歌」「絆」など、人が生きる上でなくてはならない心の有り様を、見むきもされない小動物の世界を借りて描き上げていたため、日常生活にあくせく追いまくられる人、学校にしばられる小・中・高生など老若男女は意表をつかれて素朴かつ素直に受けとめ、自分をみつめることになった。なまじっか人間世界でこんなテーマを描いても、誰も耳を貸さなかったにちがいない。

私達が想像もしなかった重大な災害に打ちのめされた時……あの時死者は、生者は何を想い、そして演劇に何が出来るだろうか思いなやんだ。第五次ブンナがかかえこむプレッシャーのゆえんです。

新国立劇場・小劇場は「日本の夏」最盛期、ブンナがどのような展開になるか、水上先生が亡くなられあっと言う間に八年になり、年を数えることのむなしさは年々つのっていくような気がする今。とは言えじっと手をこまねき開演を待っているわけにはいかない。世間はロンドンオリンピック一色の感がある。けれども私は満員の劇場に集う人々がブンナの生きる姿に感動し、よろこびの微笑みに満ちあふれる光景を願う。七月二十四日、鈴木完一郎三回目の命日の夜に。

（2012年7月24日）

六郎よ、劇団は生きている

久しぶりに劇団のデスクに、出たり入ったり、あたふたと何人もの人間が立ち働らいている様子にいちいち反応することもなく、座る。

十月六日朝、私は娘と二人新幹線に乗りこんだ。年一回郷里福井で行なわれる「福井マラソン（ハーフ）」に参加するために。昨年は散々だったことは書いた。思うに劇団代表森塚敏が死去した年、彼が（ルーツは越前である）八十歳になる日、十月一日追悼の意を込めて初参加、以来七年、私は七十一歳になった。

レースはまずまず、六十歳以上の部門の三十七位、二百人たらずながら福井新聞の翌日、上位五十人の中に名前がのった。最高タイムから十一分も遅い記録に加齢の実情がありありとあり、気分は重い。ただ地元の小、中、高校の同級生がひょっとすると目にしてくれるかもしれない。「俺は健在だ」とわずか一行。

今年は十月七日、八日連休であったおかげで両親と姉の墓参りの他に、亡くなって数年経つ友人の墓に詣でることができた。山中温泉に住む次姉の家は毎年寄っている。実はこの町に生まれ育った友人は町役場に勤める実直な公務員であった。根っからの演劇好きであったその男は、『ブンナよ、木からおりてこい』に出会ってしまった。彼は勤めをやめ、金沢に出て演劇活動に入り、青年座の東京公演に必ず上京し、劇団の人間との交流も深まり、そのうち地元の演劇教室の生徒を劇団の研究所に送り込んできたりと交友関係は密そのもの、私の手のとどかないところで存在を主張していた。気がつけば三十年以上。しかし四年程前にひどい顔色で東京に現われ、一目でただならぬ状況にあることを感じた。が彼の方からいっさい何も語らなかった。そして程なく死去したことを彼の妹さんが知らせてきた。遺品を整理していた中に、私の手紙が何通も残されていたからだ。彼女の案内で墓前に額き、ブンナのパンフレットをそなえ、第五次のスタートを報告した。私より二歳年上の彼の人生がいかなるものであったか、その実際はほとんど知らない、にもかかわらず生前の姿がふつふつと浮かび上がってくる。『ブンナよ、木からおりてこい』が私達にふりかかってからの人生のあり様が、あぶり出されてくるような気がするのである。

十月八日帰京し二日後早朝、東京を発った。昨年三月十一日舞台稽古、十三日から東北の演劇鑑賞会に出発することになっていた『赤シャツ』が中止された。が、何んと一年八カ月で再出発することになった。このいきさつは今ふれない。この事前交流のため山形、仙台の会に出席することになった。とにかく激烈な体験の中、会員の皆様は「演劇を観る」ことを決して忘れなかった。しかし、この先東北の演鑑連がどうなってゆくか予断を許さない事実は続いている。

交流会の流れで、十月十四日「会津演劇鑑賞会創立五周年記念パーティ」に出席、何年振りだろう。福島県は浜通り、中通り、会津と大変大きな県であるが、「FUKUSHIMA」が全世界に発信されている事実がぬぐいようのない重々しい現実を突きつけて来る。

高原の美しい歴史の街は、好天にかがやいており、平穏そのものに感じられる。

駅からかなり離れたホテルに荷を下ろし、パーティ会場に歩いて向った。その途中、古いお寺の境内からはみ出した、ちょっとみたこともない巨大なけやきの木に出くわした。それほど高くはないのに曲がりくねった、しかもいくつものすごいコブが隆起、はち切れんばかりにうねった太い幹から根っ子はあたりを圧する。平成十二年、市の自然景観指定になったとあった。私は手でさすり、たたき、かかえたが到底かかえきれるものではない。耳をくっつけ生きている音を聞こう。ゴツゴツと厚い皮が、痛い。佇んだ時間は、どれ程だろう。次に寺の門をおそるおそる入ると、折りから改修中の本堂の銅葺された屋根が、ものすごい光を照り返していた。

そして、ようやくその場を離れようとした時、道路に面したお寺の掲示板にある意外なものを目にした。本来なら法話をのせるはずのところに、マキノノゾミ作『赤シャツ』のチラシが台紙に貼られてあった。人通りがほとんどなく、車がときおり走り去る、そんな所に誰が目にするのかわからない手仕事の告知。

中島淳彦作『タカラレ六郎の仇討ち』の稽古場は異様な熱気、鬼気さえ感じる。何がこうさせるのだろう。はじめに「久しぶり」と書いたが、劇団をはなれていたのはわずか一週間にしかすぎない。しかしこの活気はただものではない。

劇団は生きている。

（2012年10月18日）

手帳

暮れになると各地の書店や文房具売場に大きなスペースをとった手帳売り場が出現し、その種類たるや驚くべきものがあり、集まる人の思い思いの覚悟、といった表情も様々で面白い。好きな風景である。しかしその盛り上りも欠けてきた感はいなめない。

何せ電車の中でノートパソコンは無論、本格的なものまで引っぱり出して、仕事をしており、近頃はケータイデンワ一つで何んでも出来る時代、手帳など前近代的な代物はとうに消え失せた感がある。かつて能率手帳がブームになった頃、私が所属する日本新劇製作者協会も採用し、すでに四十年はたったのではないか。普及版と言われるものを今も大切に使っている。これにさわらない日はまずないから身体の一部であろう。丁度今頃から来年の分と二冊持って、自分流の表記法もそのままに次に引き継いでいく。そのうち何んの記しかわからなくなる時がくるかも知れない、が、きわめて地味な年中行事がここにある。

十月から十一月にかけて手帳に二本、舞台のスケジュールを書き込んである。『ブンナよ、木からおりてこい』『赤シャツ』である。たまたまであろうが帰京する日が一緒で十二月二十七日、九州は長崎、東北は八戸が千穐楽。二カ月にわたる旅を何んとか無事に乗り切って。これに先だつ十二月十一日福岡に発ち、十四日に帰って一日置き、十六日に仙台に行った。芝居が一つの座組になって旅をする。これは東京公演の時であれば、それ程でもないが、いったん旅に出ると同族意識というのであろうか、そのつながりは非常に緊密になり、他者を寄せつけないある雰囲気を発散するようになる。旅が長くなればなる程それは強い。仲が良くなる、といった種のものではなく、一言では表し切れない。彼等の中にはそれ程意識はないのだが、他人がそこに入ろうとしても、ちょっと入り切れない。もっとも旅先に顔を出すのは誰もかもと言うわけではない。つまり製作者が担当以外の現場に顔を出す時、こんな気分を味わうのである。

『ブンナよ、木からおりてこい』が全国演鑑連九州ブロックの統一例会に行くのは、鈴木完一郎演出以来十二年振り、二度目である。青年座の舞台としては短期間の実現と言える。これは前回の印象が強烈で心に刻まれたものがいつまでも残って消えず、今を生きる会員にブンナ待望の気運が芽生えた結果ではないか。勝手な理屈づけのように感じないでもない。しかし福岡市民劇場の会員と一緒に観たものは、自分の想いをはるかに通り越したものすごいエネルギーに満ち溢れていた。一人一人が自分の世界に引き寄せ、我がものにし、舞台にその感情をはじき返してくる。役者達は、生々しい熱い心を全身で引き受け、投げ返す。芝居の燃焼度はあっと言う間に沸点をこえる。二日連続で観たが、この光景に変わりなかった。そして面白いことに気づいた。水上勉脚本に、色濃くにじみ出る泥くささ。お寺の庭の変哲もない土蛙の小さな池の生活風景に、彼等は軽々と入りこみ共感を寄せている。これは木のテッペンに登るブンナだけの青い物語ではないことを如実に語っている。私は、劇場のももちパレス、八百名の中の一人として舞台に没入しながら、四十年前原作を読み、芝居にしよう、と思ったことを今更ながら不思議に思った。自分の個人的な思いを離れ、観客のものになり歩きつづける一つの舞台。朝、大壕公園一周二㎞を二日連続二十一周やって、仙台にとんだ。（来年の玉川上水元旦フルマラソンが中止。かわりに今年の大晦日多摩川コース、フルを一人走り、納めとする。）

『赤シャツ』が十二年間にわたって、これも全国演鑑連の例会を主に上演されてきたことは何度も紹介してきた。二〇一一年三月十一日、東北ブロックに旅立つ舞台稽古の最中、プッツリと動きが止った。しかし、あれから一年八カ月、延期されていた公演が再開されたのだ。普通に考えれば中止であろう。よく言われるように、芝居は客があってのものだ、は常識である。しかし食うことに事欠くような時、芝居などとんでもないとも言われる。いずれにしても、とてつもない非常時に襲われていた東北ブロックの演鑑会員たちが、待つだけではなく懸命に行動し例会にこぎつけた。当然ここには劇団の熱があり、なおこの複雑なスケジュールをみると、青年座のみではなく、他の劇団の大きな協力と他ブロックのゆずり合う気持ちが重なっている。十二月十六日昼『赤シャツ』を久しぶりに観た。幕が下りると、何んとスタンディングオベーションが始まった。仙台市民会館の最終公演、多少の演出があったとはいえびっくりした。三時間を超える重厚とさえ言える舞台が、会員の心に届きなおかつ、そこにうれしさが込められていたのである。今日は十二月二十八日、私の手帳はまもなく次に移り、ぼちぼち記入されている二〇一三年の新しい時間に向うのである。

（２０１２年12月28日）

青年座はゆく二〇一三、東京マラソン始末記

元旦に行なわれる「玉川上水フルマラソン」が中止になって今年の事始が狂う。

三鷹駅近くの公園をスタート、玉川上水を三km走り、多摩湖をぐるりと回り戻ってくる。西武線の踏切りが二か所四回、交通信号多数を厳守。何と申しましょうか主催者の言によれば、元旦フルマラソンは全国広しと言えども、ここだけだそうだ。偶然みつけたレース、自宅から電車で二十分もしない所にこんな催しが行なわれていたことに驚いた。百五十人程が相当広い地域からエントリーしてくる。今年も頑張ろうという気分になる。

実は、二月二十四日東京マラソンの抽選に今年も当り、二年連続十倍の壁を越える。練習スケジュールを立て走り込む、その目玉の一つにこのレースがあった。残念、それじゃと、二〇一二年十二月三十一日、多摩川を一人走ることにした。十kmコース二往復と二・一九五km。四時間半ぐらい、一年を思い出すままのんびりとのつもりが、頭は十二月二十二日の「酔呑会《よいどんかい》」を引きずっていた。この会は英文学者、演劇評論家小田島雄志さんを囲み、月一回第四土曜日に集まって勝手に飲んでしゃべる。もう二十年になるか、その中心メンバーの一人演劇製作者、近年演出も手がける木山潔氏が、肺癌に患り相当悪いと言うのだ。まったく初耳、しかもそんな体を押してパリ、ベルリンに自演出、別役実作

『やって来たゴドー』を持って行き、大好評を得、この日帰国、会に参加するはずであったが欠席した。劇団ではなく自分一人、演劇製作の手だてを考え総てを切り盛りし、数々の問題作を創り上げてきた、私の尊敬する、すでに伝説的な男の予期せぬ出来事であった。

身にずしんと重い石のようなものをかかえ新年を迎えた。

昨年二本の舞台の旅が十二月二十七日まで続いたため、青年座ユース会員との忘年パーティが出来ず、新年会で劇団行事がスタートした。私が、二度目の四十㎞走をやった次の日の一月二十二日、木山氏の訃報が届いた。一月二日緊急入院、二十日死去、二十一日荼毘に付し、二十二日公表（彼の奥様から夜電話をいただいた）。死の事実以外、総て彼の指示であった。私より一歳下、彼はいったい何を思っていたろう。この事態の一部始終について、私には到底思いめぐらすことが出来ない。二〇一三年最初の「酔呑会」が二十六日行なわれ、お別れの会をすることを決める。そして二十八日四十㎞走をやり「木山潔追悼マラソン」最終の調整に入った。しかし、この日最も警戒していた風邪にかかっていることを自覚した。昨年の東京マラソンの失敗はレース直前まで風邪薬を飲んでいたことだ。私は治すことに集中する。そして一週間でほぼ押さえ込んだ。

二月になった。四日、九日、二十㎞走をこなし、風邪の時肺が重くなかなか体が温まらない状況から脱した。

「木山潔さん　お別れの会」を三月二十七日に開催することも決り、それなりに張りのある日が続いた。そんな日、劇団で書類に目を通していると突然文字が二重になり頭が左前方に傾き脱力し、特に左目がまったく覚束ない。隣の病院に行く。看護師がすぐ血圧を測る。「これじゃ立って居られない」、二〇五だ。すぐ寝かされ、二時間ぐらいじっとしていてCTと心臓の検査。何んでもない。ただ車椅子に乗せられたのは屈辱であった。その後MRIの結果もまったく異常がなく、あれはいったい何んだったの。いずれにしてもあと半年もすれば七十二歳、今回は医者の診断は受けることにしていたから結果オーライだ。そして二月十七日最後の二十㎞走をこなし本番を迎えた。朝六時半から七時起床、軽いジョギング、トイレ、食事の生活を年が明けて続けていたので当たり前に家を出た。地元の強み、上から下まで走りの作りをトレーナーにつつみ、八時半の荷物預け〆切、四十五分スタート位置集合を頭にたたき込んで。ふっと変な胸さわぎ、駅に向かいながらバッグをひっかかえ調べる、ゼッケンを貼った荷物預けのビニール袋がない。取りに戻る時間がない。

電車に乗って読みかけの『この国はどこで間違えたのか』（内田樹・小熊英二他著）を広げる。三十分もしないで新宿に着く。あわただしく頭をめぐらしたが例外はない。決めた、西口のコインロッカーにブチ込んで行くしかない。一七四番のキー、千円、パスネットを補助食のポシェットにつっ込み都庁に全力走。三万六千人が百五十万人の観衆の前を寒風に揺さぶられ、ひた走る。聞きしに勝る大イベント。昨年の経験（二十㎞でダウン）を糧に五㎞三十分前後のスローペースで完走する。ビッグサイトから新宿まで、ゼッケンをはずしたユニフォームのまま、記念にもらったバスタオルにくるまりガタガタふるえながら帰る。

かくて三月「あの日」から二年。我がまち、杏子通りが色づく。三年前初演、太田善也作『つちのこ』が目をさまし、雪深い北海道、青年座はゆく。

（2013年3月11日）

ホテル。「何もない空間」

おだやかな春の陽光が身体をそっとつつみこみ、時折り感じる微風に心なごむ、そんな日もあった。東京生活の長い私だが、田舎にいた頃は、春夏秋冬がきっちり、めりはりの効いた日常を創り出していたことを思い出す。

我が街は武蔵境駅から多摩川にある競艇場「是政」を結んだ私鉄沿線にあり「白糸台」と駅名が変り、調布飛行場を囲むような旧関東村跡に、警察大学、警察学校、東京外語大学、榊原記念病院と大きな施設が次々とでき、味の素スタジアムに、陸上競技場と調布、府中の養護施設を加えると壮観な光景と言える。その私鉄電車は小学校から募集した絵をプリントし、春、夏、秋、冬号と名づけて走っている。一日に春と冬が、つまり季節が一年をめぐるのではなく、春を喜ぶ風景の中を「冬号」が走っている、というわけ。

最初は違和感というか、何だ！と思っていたが、もう慣れきった風景である。

すっかり住宅に埋められていく中に畑がまだ何カ所もある。ここばかりは季節折々に作物が変わる。私はそのかなり大きな畑越しに走る四両編成の電車を見るのが大好きである。一緒に走ったりする娘は、わざわざ止って電車に見入る私を「子どもみたい」と笑う。六十年以上前、東京から疎開し奥能登に、そして戦後福井県芦原温泉に移る。田んぼの真ん中を二両編成の電車が都市福井に向って走る様に見入っていた光景にダブルのであろうか。

昨日まで青年座劇場にこもりきっていたマキノノゾミ作『横濱短篇ホテル』が、あっと言う間に道具もろとも消えてしまった。あとには地明りのみに照らされた「何もない空間」がぼーっと残っている。あれ程熱をはらんだ厳しい修羅場に人が居ない、役者も、演出家も、何もかも「無い」のに自分の眼に焼きついている残像、イメージがもやもやとあたりにただよって離れようとしない。

十九日、紀伊國屋ホール初日である。そんな押しつまった時、もたもたとこんなことを書き記している。ちょっと遅すぎやしませんか、もう一人の自分が叱咤している。

十五日稽古場バラシ、夜搬出、紀伊國屋ホール搬入、十六日仕込み開始、そして三日後に初日を開ける。昔は二日間で幕を開けていた。たった一日違いとはいえ搬入してから三日間になったことは大変な進歩と言える。これが青年座劇場であれば何でもない。何日仕込をやっていても基本的にはＯＫ。自前の劇場を持つ強みである。簡単に言っているが、よく言う自助努力の賜物、創立メンバーを始め諸先輩が築いてきた血と汗と涙の結晶である。いや、オーバーではない。都心のド真中に自分達のスケジュールで自由に使える空間を持つ劇団など、そうない。

十四日、突如三國連太郎さん死去のニュースが入った。続報にみる通りその仕事、存在は私など形容のしようがない。リストされている映画の八割は観ている。西田敏行君の代表作でもある『釣りバカ日誌』は総て観ており、スクリーンのスーさんに三國連太郎さんのものすごい包容力を感じたものだ。舞台はそんなにないが、サンシャイン劇場で観た『ドレッサー』の印象が強烈に残っている。つまり役者の生身のすごさであろう。と書いているところに自宅から電話が入った。『ブンナよ、木からおりてこい』初演の男優が自宅で倒れているところを福島いわき市から訪ねてきた母親が発見し、病院に運んだが、末期癌で意識不明と言う。彼は入団して以来、ピチピチと身体がハネまわって人一倍激しい感性をもてあますように子蛙を演じていた。初演伝説の一人である。異変を感じた母がどんな思いでかけつけ一人息子の前に立ったのか。二十二、三の若き才能がフリーになり三十数年……。

マキノノゾミさんと宮田慶子の舞台が登場したのは一九九四年、青年座創立四拾周年記念公演であった。『MOTHER』、与謝野晶子をとりまく歴史上の人物が織り成す様は圧倒的魅力にあふれていた。三十代に入り、そろそろその存在を確たるものにしなければならない大試練の時であった。そして二十年、時は二人を日本演劇界の頂点に押し上げた。青年が壮年と言われる年代に入った時、いわばホームグラウンドと言っていい青年座に書き下ろした『横濱短篇ホテル』は、マキノさんと宮田慶子の青春記。私達も通ってきたみちであり、手だれと言われるようになった二人の才能は、胸をキュンとさせてくれる。演劇の面白さである……。

私は追い込まれている。じたばたしている。『横濱短篇ホテル』にもっともっと観に来ていただかなければならない。遅すぎるお願いです。

（２０１３年４月16日）

芝居と現実のあわいに

今年最初の本公演『横濱短篇ホテル』は多くの観客から高い評価をいただいた。新しい年になり四月ともなれば、会社に学校に若い男女の生気溢れる顔が満ち、木に花咲く街のこれ以上ないにぎわいはうれしい。

躍動する社会の一翼を我々演劇人も担っている、と実感する時かもしれない。これは小さな社会の小さな出来事である。しかし、だからこそ演劇なのだと言える。

舞台に描かれた世界はごくありふれたと言えば言えるし、特殊と言えばそうも言える。いろんな世代の人が多かれ少なかれ劇場空間に集まってくる。そしてさり気なく観る人のなかに入り込み、その心の動きをきゅっとつかむにくい導入、かくて五年ごと七つの物語が見事に一つの人生を浮き彫りにする。

私のような年代の者にはなつかしさがあふれ、芝居にみちびかれながらどんどん自分の世界にのめりこんでいく。ある人は底の浅いありふれた舞台じゃないか、と言った。私はこれにはまったく同意しない。我が劇団のだから、というのではなく、大変すぐれた作品であった。

それももう終ってしまい、次の野木萌葱《のぎもえぎ》作『崩れゆくセールスマン』の観客動員に集中しなければならない。これは演劇製作を仕事としている者の現実である。しかしこうした日常の中に『横濱短篇ホテル』の登場人物が妙に生々しく身にまといついて離れない。私は彼等よりほぼ二まわりぐらい上の世代、一応高齢者と言われる年齢に達し、「あといくつ」が見えるようになってきた。それは予想も出来ない異変が平気で身に襲いかかってくる年でもある。つまり彼等があのあと二十年以上も生きていく、その行く末を想うと芝居と現実のあわいがあやしくもつれ合うのである。

昼の公演が終って、夕暮にはちょっと早い新宿の雑踏をふらふら三人の初老の男が歩いている。JとUとSである。彼らは、旧三越新宿店が何んとかと名を変えた最新の大型店舗、人の出入りがたえないその様子を横目に、古いビヤホールの中に消えた。

Jが青年座の芝居を観るなど、いったいどうした風の吹きまわしか。Uはついこのあいだ退院したばかり、自宅療養の経過が順調で久しぶりに観に来てくれた。そしてS、はい私のことですが、四十年以上の交遊を続け、それぞれ異なった生き方をしてきたが、意識の中ではいつまでも鮮度が保たれた、いい関係の仲。お互い無事に七十歳のハードルを超え、まだあるであろう先を目ざしてともかく歩く。『横濱短篇ホテル』が過不足なく話の継ぎ穂となって、明るい笑いが絶えない。よく言う、同窓会などで孫と病気の話はタブーと、だが我々はそんなことおかまいなし。いってみればこの日は「三人のガンマン」の観劇と飲み会であった。

私は食道癌をやって足かけ七年、今年の健診でもしっかりその瘢痕を確認した。Jはもう三年になるか前立腺というやつ、そしてUが胃でもって今年から仲間入りということである。今では世間によくある、ありふれたものかもしれない。「芝居と現実のあわいがあやしくもつれ合う」と書いた、それは三時間近く語り、ジュースならぬビール、焼酎、ワインに盛り上ったあと、一人、ほろ酔いの電車の中で感じたことだ。「またな！」と言ったように思う。別れのあいさつが次の日あの世で「よッ！」とかわす言葉にも通じるのではなかろうか。

『崩れゆくセールスマン』は三十歳半ばの若い女性の作になる。私が講義に行っている日大芸術学部演劇学科の戯曲専攻、今では新進の劇作家として注目されている。青年座が手を出し、のって下さった。品の悪い言い様ではある。この世界は鵜の目鷹の目、「劇団の創造に新風を」、新しい才能を求めあっている。すでに稽古は最終コーナーではないか。一九八五年実際にあった事件がモチーフになっている。男がマンションに侵入、「純金ファミリー」事件当事者の会長を白昼堂々刺殺、引き上げて行く様をテレビ中継が映し出した。それから約二カ月後、八月十二日、日航ジャンボ機墜落五百二十名死亡、四名生存。二十八年前の大惨事であった。

世間には、想像も出来ない額の金が、あるところにたまっている。それを手にしようとする輩が次々に登場する。今日「詐欺」のニュースは絶え間なく、その手口は進化の一途を辿る……。

（2013年6月6日）

灼熱の時『LOVE, LOVE, LOVE』の場合は

池袋にある劇場のシートにたどりつくと右も左も言うところの演劇関係者、顔見知りの方々ばかり、一つ置いた席にすでに着いていた高名な演劇人がにこやかに「この前の、あの……」「あ、『崩れゆくセールスマン』ね」「そう、良かったわね、なかなか力のある舞台だった」。素直にうれしい。長い交流の間柄ではあるが、めったに聞けない言葉だ。

尻あがりに観客もふえ、青年座劇場に毎日かよう劇作家野木萌葱さんの姿が印象的、あの貪欲さが次につながっていく。劇団は新宿村スタジオで稽古をしていた『をんな善哉』がすぐ、何かを追い求めるように演鑑静岡県ブロックの例会に出ていった。多忙をきわめる高畑淳子が久方振りに旅公演、増子倭文江の「澄江」と「諒子」が丁々発止やりあう中、津田真澄、小暮智美、佐藤祐四、手塚秀彰、綱島郷太郎、豊田茂、そこに『崩れゆくセールスマン』に出ていた名取幸政と平尾仁が新しく加わり和菓子屋をめぐる人間模様を滑達に演じ、すこぶる上質な喜劇が各地で笑いの渦を巻きおこしている。そして青年座劇場は、マイク・バートレット作、小田島恒志・小田島則子訳『LOVE, LOVE, LOVE』の稽古中。昨年の『THAT FACE』に驚いたが、これもまたすごい戯曲。家族、その日常の激しさよ。

七月四日、日野で行なわれる『をんな善哉』の舞台稽古の日、代表取締役で製作担当の森に別室に

呼ばれ、実はMさんの奥さんから彼が余命一カ月であると告げられた。迷いに迷った末の連絡であったと。数々の名演があり、劇団にはなくてはならない役者の一人、さてどうしたものか……。私はこの日別の会議があり日野に行くことが出来ず、翌日は大学の特別講義が朝十時から十二時十分まで。

七月五日、講義の終り頃鞄の中のケータイが鳴っていることに気づいた。出るわけにはいかない。振動は長く続いていた。授業が終ると同時、またかかってきた。

「Mさんが急死しました」。ウッと息をのみ、絶句した。

七月六日、私は山形市で開催される「二〇一三年東北演鑑連交流会」に出発した。現役の製作者達はそれぞれ決められた仕事に就いて手が離せず、この会議は早くから私がでることになっていた。そしてMの急変によって七日、八日の葬儀も行くことになった。山形駅は雨模様。梅雨時、ムシ風呂の中、夏ものとは言え濃紺、ダブルのスーツ姿。二時開始、会議の冒頭「劇団創造団体のあいさつ」をした。私としては少し長め、「芝居は舞台上の二時間、三時間、自在な日常を描く、そして観客もまた様々な日常の中、劇場に集まり劇的な世界を創り上げる」というような話をした。そうだ、七年前も山形で、その時は上下白の出で立ちであったが、今回はこんな調子、これはどうしようもない日常のなせることである、と〆た。夜は交流会、二次会と酒席の交歓、趣は一変するが、この時間が欠かせない大事なもの。

七月七日、会議もそこそこに石川県七尾市に向った。新幹線「つばさ」「とき」、特急「はくたか」、山形から大宮に戻って越後湯沢から高岡、鈍行に乗りかえ津幡で七尾線、やっと着いた時は夜の八時過ぎ、ここから能登鉄道で田鶴浜が葬儀の場所であった。

七月八日、東京は梅雨が明けたとのこと、能登も快晴、ものすごい暑さのなか例によって七尾市内を一っ走りし、十時二十分、劇団の女優が車で迎えに来た。彼女は夫の任地能登に住んで十年になろうか、二児の母となり、今は穴水町、私の疎開した町に住んでいる。こんなことがあろうとは、本当に夢ではないかと思った。

東京に生まれ長い役者生活のうちに何があったのか、金沢在住の女性と結婚し、仕事の時は上京する。私達製作者は舞台にはりついているばかりだが、自由業とも言える役者の日常は、それこそ私達には遠いもの、劇団の不思議、と言っては乱暴すぎるが、ともあれ新しい環境を得、彼独自の生活空間を築きあげていたに違いない。

奥さんは十五代続く浄土真宗大谷派のお寺の出、葬儀は奥さんの兄が導師となって執り行なわれた。東京から三人もの仲間がかけつけ、一緒に骨揚げをし、そこで彼等と別れ私はお寺に戻り、初七日の法要に列席した。最初のお経を「皆様も御一緒に」と導師が、期せずして老いも若きも三十人以上の人々が一斉に経を唱え出した。私はこの自然な営みのすごさに虚を衝かれ、ただただ頭を垂れ聞き入るうちに、どっと涙があふれ出した。

お寺の庭の池は真夏の木もれ日を写し、揺れ、名も知らぬ小鳥が、そして波紋を残し泳ぐ鯉。『ブンナよ、木からおりてこい』初演三班の百舌、和尚、第二次ブンナの鼠を演じ観客を魅了したMの肉体が三十年、風のまにまに、はち切れるまま、満面に笑みをたたえ私の頭上に舞い続けるのであった。

（2013年7月18日）

「朝日に照り映える海」に向って

青年座劇場の稽古場に矢代静一作『夜明けに消えた』の大道具を仕込み始めた。演出須藤黄英、美術プランは新進、根来美咲が担当、立派な模型舞台を元に舞台監督今村智宏が自ら図面を引き、道具をたたく。微妙な曲線部分は根来がハンドメークよろしく材料の上に描き、今村が鋸を手に細工してゆく。「根来ラインと言って大変」なんだそうだ。発注六、たたき（演出部で作る）四、予算がない分こうした工夫を凝らし作り上げてゆく。

最終的には一日がかりで業者の道具とあわせ舞台を創る。青年座劇場は自前、物によっては二十日ぐらい前に本道具が出来上がる場合がある。初日が十月十八日だから、この調子でいけば遅くとも二週間前には出来上がるのではないか。この前（九月二十五日）仮置きした道具を観た。舞台装置が大きく、客席に「観客がちゃんと納まるのかい」と一言、牽制しておいた。彼等は限度ぎりぎりまで自分達のプランを追求、完璧な道具を創ろうとする。そこに製作陣との綱引きが行なわれ、まさに手造りの面白さだ。

青年座『ユース通信』長月《ながつき》（九月号）の冒頭、『夜明けに消えた』初演一九六八年、矢代静一四十一歳、私二十七歳と書いた。あれから四十五年後、青年座劇場公演の「青年座・セレクション vol.5」である。この企画が劇団創立六十年が目にみえるようになった時期に立ち上がった。チラシには毎回その宣言文が記されている。私は十周年の頃座員になったが、今の構成メンバーの大半はその頃の作品を知らない。この当り前の事実に光を当てた座員たち。自らの出自は常についてまわる。劇団員がそこに何等かのかたちでこだわっている、つまり劇団の出自を共有することの意味、大切さを創造上の問題としてかかえ、彼等の今日ただ今に置いてみる。椎名麟三『第三の証言』、宮本研『ほととぎす・ほととぎす』、西島大『昭和の子供』、八木柊一郎『国境のある家』が新しい観客を得てここに成立した。そして思う、演劇立上げの多くは時代を先取りし、時の観客にぶっつけ様々な反響を喚起、難解さに頭をひねる、手も足も出ない、独りよがりにすぎないと怒りを買い、一筋縄ではいかない一喜一憂の中に身を置く。そして年を重ね、次から次、新作を創り続ける。「勝手にしろ」と観客に見離されることもあったろう。しかし、「青年座・セレクション」にはほとんどそれがない。難解の最たる作品と言われた『第三の証言』のシチュエーションは身近な問題となり、今では実情がはるか先を歩いている。

四十一歳の矢代さんがお書きになった頃、私は右も左もわからない新劇界に身を置き、ただただ歩きまわって芝居を売り込んでいた。作家の創造の根底を追求するなど、ほとんど意になく、切符を売ることが自分の役目、それが原点であった。もっと言えば『夜明けに消えた』は良くわからなかった。その実、当時第一線の劇作家、評論家、作家たちにパンフレットの原稿を依頼、手に入れた。恐ろしいことだ。しかしここにこそ「仕事」の魅力があるのではなかろうか。

九月十日、顔合わせに矢代さんの長女朝子さんが立合い本読みが行なわれた。これでもかこれでもかと荒々しく〝矢代的〟でないセリフを激しくぶっつけている。作家の中にくすぶりつづけている心の悩み苦しみを自虐的に抉り出している。二十七歳の私は「何んか違う」と反発しつづけた。つまり若い自分が反応できないことにイラついていた。当り前だ、と今思う。しかし、朝子さんを横に役者のセリフをほとんど「心地良い音、言葉」として聞いていた。「パパのセリフっていい、美しい響き」と反応する朝子さんに、同意する自分がいた。

形而上的と言うのだろうか、心の内をさらす戯曲があり、初演がそれなりに大きな反響を呼び、矢代静一の代表作、転機の作と言われた。一九四五年日本の敗戦に青春を迎えた世代と幼児であった私が、二十数年後クロスする創造現場であった。そして二〇一一年三月十一日、私達は未曾有の大天災に遭遇、様々なダメージを被った。「いったい私達に何が出来るのか」は、日本人のセリフとして今も通底に流れる。こんな時の『夜明けに消えた』である。「ノッポ」と「ぐず」が追放され、夜明けの「朝日が照り映える海」に消えていく。舞台終幕のイメージが、今の私にどうよみがえるのだろうか。公私ともに大変お世話になった矢代静一・和子御夫妻が「天に召されて」久しい。矢代さんの年齢を超え、馬齢を重ねる私に再生のドラマ、「青年座・セレクション」を担う座員が何を伝えてくれるのだろう。

（2013年10月1日）

二〇一三年、蛇年男はハードルを越えたか

青年座が五十周年を迎えた年、演劇界があっと驚く場所で創立記念パーティを開催した。もっとも各々の関係劇団の人にとっては、またやらかした、と思ったかもしれない。それほどお祭り大好き劇団が選んだ場所は東京ビッグサイトであった。年間何百万人もの人が訪れるという有名スポット。巨大な建物が立ち並ぶ、ここが東京か、と思ってしまうような所に芝居屋が迷い込んだ、という感じ。

それからまたたく間の十年に、劇団の創立メンバーは総てこの世を去り、年が明けると創立六十年になる。芝居の世界に入って五十年ということになる身には、二百名を超す座員のほとんどが年下になり、正直居心地はすこぶる心もとない。

二〇一四年五月一日、六十周年記念の催しを企画、パーティとともに年史も編むことになっており、「この十年」を執筆する役を振られた。激しくも待ったなし、急激な世代交代の渦中に在り、ことを処していかなければならない立場に立たされたこともあり、ニュートラルに振りかえりその出来事を記すにはかなり厳しいものがある。しかし、今更感傷的になる年でもあるまい、と覚悟を決め筆を進めはじめた。「取締役相談役」が今の劇団の身分である。その他我々業界のあれこれの役員、などなど、いつの間にやら身の回りにくっついてまわるものが少なくなく、年齢を考えるとそろそろ整理しなけ

ればならない。と思いながら自分の生活習慣はきっちり守り、「まだ青年だ」を自負していた。この辺が、こまったもんだ。

夏も終ろうとする頃か、自分の身体の一部に妙な違和感がある。食道から胃の入り口にかけて。誤って熱いお湯がかかり赤くなった肌に塩をぬったようなヒリヒリ感に似たもの。八年前、食道の入り口近く、偏平上皮癌が発見され三泊四日、内視鏡手術をやったことがチラリ脳裏をよぎったが、それ程気にとめることはなく、家の近所の医院で薬を調合してもらいすましていた。十月、八年連続、田舎の福井ハーフマラソンを走り六十歳以上の部三十一番、福井新聞に上位五十位に載っていい気になっていた。「いやな感じ」が消えたわけではない。劇団の大家に当るとなりの病院にひょいと行くと、医者に薬の見立もあるから胃カメラで確かめようと提案された。そして八年前の病院に行くことになる。当方では処置できない、もっと大きな有名病院に、症例の多い大病院に行くようにと言われる。

十月三十日、がん研有明病院で検査が始まった。いやもうその綿密さと言うか、約一カ月、検査漬けはものすごく、うんざり。結果、食道摘出はまぬがれ十二月九日内視鏡手術に決った。待つ身のつらさ、一泊三万から四万に、結果五千円の四人部屋に入院。全国から集まるのだろう、順番が来るのにまた一カ月かかったことになる。手術は前日入って翌日であった。自分の息子のような若い医者は実に明るく、自信に満ち、たのもしさに、安心して身をまかせた。

病室からビッグサイトが丸見え、朝六時すぎ陽が昇り日中は、ひっきりなし羽田に下りる飛行機をながめ夜九時消燈。今年新年早々、築地・国立がん研究センター中央病院で逝った三十年来の敬愛する仕事仲間の友人を何度も何度も想った。

十月二十九日以後、酒はやめた。最初に酒を口にし六十数年、やめる時は死ぬ時だ、とうそぶいていた「抗う」自分はもうない。医者は異口同音、原因は「たばこと酒だ」と断じた。

しかし酒の完全に切れた肉体になじめず、四苦八苦が続く。三週間は走ることも禁じられる。この年になって自分の体でないみたい。嘆くべきか、喜ぶべきか――。

十二月二十四日、書き続けてきた「この十年」をひとまず書き上げた。四百字七十枚ぐらいになった。五十周年史を書いた青年座文芸部座付作家西島大が残した原稿用紙を受け継いで乱筆を走らせてきた。今劇団に常勤する者で原稿用紙を使用する者は一人になった。いわゆる劇団専用原稿用紙はもうない。〝時代〟ということだ。自慢じゃないが悪筆は人後に落ちず、リライトをお願いして来た製作部員諸子に感謝しっぱなしである。

懸案の仕事が一段落したところで新劇手帳を二〇一四年用に切り換える。肌身離さずといった感じで手帳にはさんで持ち歩いてきた数葉の写真を移す。そして年史の中にも書いた写真を一枚とり出して久しぶりにつくづく見入った。一九九二年、八木柊一郎戯曲集の出版記念パーティ時のスナップである（Ⅱ章扉の写真）。千田是也（88）、杉村春子（86）、鈴木光枝（74）、東恵美子（68）、森塚敏（66）、関弘子（63）、金井彰久（56）、水谷内助義（51）、数字は当時の年齢である。私以外皆、日本新劇史に名を残し没している。二十一年後、私はまだ生きて、年末の些事にあたふたと、ここに居る。明けて一月八日、我が身体からけずりとった肉片の生検結果が言い渡される。

（２０１３年12月26日）

イッサイのツブヤキ

二月末、青年座研究所の三十八期生卒業公演『アンネの日記』があった、新入座員の選考もあり、この舞台は何が何んでも観なければならない。これから役者として巣立つ若者の精一杯の舞台は美しかった。

一九四二年六月十二日、「はじめての日記帳」が書き始められた。そして一九四四年八月一日に終っている。二年と二カ月の間、アムステルダムの《隠れ家》に棲み、ナチスのユダヤ人迫害からのがれた八人の中の一人アンネ・フランクによって書き残された日記をさがし出し読み始めたのは、三月早々だった。何でまた、とおっしゃるかも知れない。

『アンネの日記』は本はもとより、映画、演劇にもなり、恐らく世界中に知れ渡っているだろう。私が初めて芝居を観たのは劇団民藝によるものであった。いつだったか忘れてしまった。調べればすぐわかることだがアンネを樫山文枝さんが演じていた。私と同年齢であることもあって忘れることが出来ない。それはともかく舞台は衝撃的な事件であった。新劇などというものがあり、俳優座、文学座、民藝が芝居を上演しているということぐらいは知っていた。一九六〇年上京、大学生活が始まった頃だ。どうも気になって仕方がない、先に進まなくなってしまった。

製作部の書架にあった『劇団民藝の記録 一九五〇―二〇〇〇』を思い出し、引っぱり出してみた。私が観たのは一九六四年上演の『アンネの日記』だ。それ以前、一九五六年、三井美奈、吉行和子、阪口美奈子さんたちのアンネによって上演活動が始まった。つまりこの作品はその時その時、役者は変るが、劇団の重要なレパートリーとして上演が続けられて来たことになる。青年座公演としての上演はないが研究所の卒公で何度も上演されており、また映画ではミリー・パーキンスがアンネを演った、その顔が未だにはっきりと思い浮かぶ。しかし、若い時の思い出、といった甘ったるい代物ではない（家のどこか、ダンボールか何かにつめ込まれた映画のパンフレットが見たい）。私は確かにその後、増補版『アンネの日記』を読み、「事件」とまで書いた事実を活字によってかみしめたのである。

二月二十一日三組目、C班を観る日、新聞に都内何カ所もの図書館にある『アンネの日記』が破損されていることが発覚、続報によれば三百冊、四百冊とふえていった。その後犯人が捕まり、どうも単独犯ということらしいが、今日の段階では詳細はほとんど知らされていない。監視社会、のがれられないことではあった。それにしても、どうして事件の背景も何も報道されないのだろう。第一報のあった時、ある新聞に「これは現代の焚書である」とあった。私達が、あの時代にものすごく敏感になっているのは事実だ。それに照らして今日の社会情勢を論じる。しかし、これは各界や世代によって、はなはだしい温度差がある。

私は『アンネの日記』再読を思い立ったが本がどこにまぎれたか、出てこない。ところが、寝所の、手のとどく所に、ブックカバー「YAMASITA」がかかったままの本の背に、鉛筆でアンネとだけ走り書きされたものがみつかった。一九九四年四月十五日第一刷『アンネの日記』完全版（著者アンネ・フランク、訳者深町眞理子、文藝春秋刊）であった。カバーがかかったままのものは読んでいないか、途中で放り出したもの、二十年も前であることに驚いた、時に五十二歳。何んでまた買ったのか。多分「完全版」に手が出たんだろう、それしか思い出せない。

日記の舞台は一九四二年、アンネ十三歳、私は一歳。まずこの年齢に目が止まり、そのまま一字もすすまない、という感じであった。自分の生とアンネの生、諸々、思いがぐるぐる頭の中をかけめぐるまま。三月二十七日読了まで約一カ月、時間が行ったり来たり、遅々として進まず、他の本も何も手につかない毎日が続いた。その間、私の身辺はと言えば、食道癌は大きかったが早期発見、手術は成功、禁じられていた走りも再開、ただし断酒は続行。患部の大きさが転移の懸念を呼び、定期的にチェック、その一回目（三月十二日）もクリアー。三月三十日、例年通り多摩十㎞ロードレースも走り終え、昨年を五十秒近くオーバー、これも想定通り。そんな日常の中に埋没しそう。しかし、神経のどこかに『アンネの日記』の世界が引きずられている。

桜も散ってしまって五月一日、青年座創立六十周年パーティも目前である。しかし気持ちは、永井愛作『見よ、飛行機の高く飛べるを』の本多劇場。良い作品、物言う舞台は時代が呼ぶ、人が求めている。私の心は走っている。四月二十日、八年目になる「かすみがうらフルマラソン」も待っている。発病前より身体、走りの切れは良い、目にもの見せてやろう――。

（2014年4月10日）

春の点描

三月中頃、いわき市久之浜に住んでいる文芸部高木達君から「花見に来ませんか」の誘いが劇団にあった。青年座研究所所長を長く勤め、近年生活の拠点を故郷に移していた彼は、あの大震災で、危機一髪の目に遭う。原発十基が立地している町村に近く、避難者が最も多く住んでいるいわき市。四十数年も前、高等学校公演のオルグにかけずりまわっていた頃の浜通り、常磐市であった。

昨年九月末、東京芸術劇場シアターウエストで高木達作・演出『東の風が吹くとき』が上演されると聞き、題名にかつて上演された『風が吹くとき』の舞台が喚起され、押っ取り刀という感じでかけつけた。

福島第一原発事故五日後、ある家に起った出来事を「いわき演劇の会」と「いわきアリオス」の共同企画として上演した作品の東京進出である。しかしこれは正確ではない。毎年行なわれている池袋演劇祭「リージョナル・シアター二〇一三」に参加ということだ。

高木は単に引越しただけではなく、演劇活動の場も求めており、生活に根ざした公演の実際を観、物語の展開にただよう、ある静けさが身に迫り、衝撃を受けた。そんなことがあったので腰を上げた。

四月十三日、浜通りは花曇り、いわき市駅に出迎えてくれた人達は、あの時のメンバーであり、東京からの三人と、車二台に便乗、目的地に向う。彼等はほとんどが携帯のガイガーカウンターを持ち、今××シーベルトと言って、放射能ととなりあわせの生活を強いられ、除染された地域、そうでない所、実に細かく観察している。津波の惨状、人っ子一人居ない集落とそうでない所が入り混じる。原発事故地すぐ近く富岡町の「桜並木で有名な夜《よ》ノ森駅」地区に着いた。

何もなければものすごい人が満開の桜花を愛で、ねり歩いているだろう、がちらほらとしかいない人。そして突然桜並木は柵に遮られる。立入り禁止だ。語る言葉に窮し、ほとんど押し黙るままであった。東京からの同行者は青年座研究所の卒業生。一人は二〇〇一年からの民藝『アンネの日記』アンネを演じた女優さん、その時ファンダーン夫人は奈良岡朋子さんだった。残念ながら観ていない。研究所を卒業後民藝に入り今も活躍している。高木達君の呼びかけの真意は何であったか、今も計りかねているのである。しかし、そんなことはとるにたらないこと、自分の足で歩き、感じ、触れ、物言わぬ一個の肉体がそこに在った、それでいいではないか。

翌週の日曜日、「目にもの見せてやろう」と勇んで出掛けた「かすみがうら」フルマラソンレースは、二十八㎞を過ぎ、ハス田が点在する細い曲がりくねった道、応援する老若男女が熱い声をあげて下さる。にもかかわらず、ガクンとペースが落ちる。去年はスタートからゴールまで横なぐりの強雨の中、ビニールガッパをひるがえし、走り抜けた。あの最悪コンディションを物ともしなかった肉体は、なさけない、悲鳴をあげ始めた。しかし走る意志は萎《な》えてはいない。けなげにも我が足は、一歩一歩止まることなく、前に進む。これにはマイッタ。どこにそんな力が潜んでいたのだろう。想定を三十分オーバー、ゴールにたどりついた。昨年十月、手術後約一カ月走りをやめた、そのツケは、しっかりとついてまわったことになる。ほとんど抜かれっぱなしの残り道、プライドも何もあったものではない、このみじめさにも身体は耐えた、と言ってやろう。四時間半近くもかかってしまったが、年相応と言う気はない。翌日、筋肉痛もどおってことはない足腰、明日に向うまでだ。その証拠につぎの週も万歩計のトータルは十三万千百六十九歩（約七十九㎞）。

二〇一四年五月一日がやって来た。

六十周年記念公演のトップ、永井愛さんの『見よ、飛行機の高く飛べるを』本多劇場公演を間近に、まずは創立記念日をしっかり内外にアピール、銘記しようという意図は、見事に成功した。自画自讃と言われようが、何であれ、当日会場にかけつけて下さった人々に確かなエールを感じることが出来た。この日新宿「紀伊國屋ビル五十周年式典」があり、出席した。落成記念には青年座創立十周年第二弾、新藤兼人作、成瀬昌彦演出『しとやかな獣』が上演され、製作部の見習い座員として私はそこに居た。つまり今年私の演劇生活五十年ということになる。新宿から恵比寿「ザ・ガーデンホール」にかけつけ、ほぼ飾りつけが終った会場に立つ。目がくらむような想い、六十年間に上演された本公演のポスターが張りめぐらされた壁面。無我夢中の時代からやがて次の世代の人間が現場を受け取っていく、その様が一目にして追ってきた。『見よ、飛行機の高く飛べるを』は大きな成果を上げた。そして七月八月にかけて上演される「Ａｃｔ ３Ｄ」は紛れもない青年座の明日を背負う座員たちの情熱がはじけ、飛び散る。私はただただ切に皆様の御来場を願う。若者たちは大胆不敵だ。

（２０１４年６月16日）

八月の情念

劇団青年座六十周年記念公演「夏の咲宴」第一作、柴幸男作『あゆみ』が全日満員御礼のうちに打ち上げ、劇団の玄関は足の踏み場もない程の乱雑振り、いかにも今終った臨場感に満ちあふれ、評価の声も喧《かまびす》しい、いつみてもうれしい風景である。

劇場入口の右側壁面に飾られている八枚の記念写真が、バラシた道具類の中に埋没し、晴れがましい雰囲気と奇妙な対比をみせる。ここは「青年座劇場」ロビーでもある。何か誇らしい気分になる。観客が一人も居ないロビーを想像したことがあるだろうか。何を今更、無人の劇場を夢に見、飛び起きた若かりし頃、忘れはしない。しかし、その思いは、今は昔と言っておこうか。

一九五四年の創立者十名、石津謙介デザインの衣裳（?）を身につけた晴れ姿。十周年吉原、松葉亭。二十周年、青年座劇場前。二十五周年、目黒プリンス迎賓館。三十周年、劇団前、赤と白を身にまとい勢揃い。四十周年、ハッピ姿の浅草花やしき。五十周年、東京ビッグサイト。そして今年五月一日、恵比寿ガーデンプレイス内「ザ・ガーデンホール」の六十周年。これらが一堂に掲示されたのは多分初めてではないだろうか。記念写真などというものはごく内輪のもの、他人には面白くもおかしくもない、というのが通り相場である。一人悦に入る図は、年がいもない。とは言え、青年座劇場に足をお運びいただき、一目、御覧いただけたら、劇団の実態が一望のもと、ご理解いただけるのではないか。そしてそれは、冊子のページやスライドではなく、一枚一枚紙焼き写真が演劇のある場所に並ぶ、そこに自分の姿を見つけ出し、何かを確認する。

それにしても六十年に七度の記念パーティは多い。お祭り劇団の真骨頂、おメデタイと言うかオサワガセと言うか……。

翌日、劇場は『UNIQUE NESS』の大道具が入って着々、本番舞台が姿を現わして来た。作・演出早川康介さんは、大阪を中心にコメディタッチの芝居を創り注目されている。彼にとって青年座劇場の機能がいかなるものであるか、全知全能を傾け挑んでくるに違いない。何しろ青年座劇場の空間は多くの演出家が一度使ってみたい劇場として知られている。その辺りの事情はともかく、手ごわい相手であることは充分御承知のことと思う。正式に東京消防庁の劇場認可が下りたのは一九七〇年四月である。それまでは劇団の稽古場であった。認可を得るために千田是也、宇野重吉、滝沢修、杉村春子といった錚々たる先生の後押しを得て、当時美濃部都知事に陳情を重ねた結果であった。その頃アンダーグラウンドの先がけになった「自由劇場」が六本木霞町にオープン、演劇界の話題を一身に集めていた。ほぼ同時期であった青年座劇場はほとんど見向きもされなかった。自由劇場の連中とは同世代であったばかりではなく、合同公演マヤコフスキー原作、長谷川四郎改作『奇想天外神聖《ミステリヤ・》喜歌劇《ブッフ》』で一緒に仕事をした五人の役者と仲間のように活動、あげくは佐藤信の引抜きに追われて逃げまわった。途轍もない狂的エネルギー集団だった。妙な話だが結果、いま生きているようなものだ。

横道にそれた。今年三月に没した朝倉摂さんは、元代々木にお住まいになる隣組。一九五九年、椎名麟三の名作『蠍を飼う女』に朝倉摂装置とある。彼女が舞台の仕事を手掛けるようになったほとんど初期のもの。以来次々に劇団の問題作を担当、青年座劇場となった一九七〇年八月、別役実作、五十嵐康治演出『象』の装置・照明・衣裳を引受ける。そして宣言した。「天井も壁も白い劇場などあり得ない、全部黒く塗り変え本当の劇場にする」。私は製作担当者であった。大変なことになり演出部土岐八夫、舞台監督畑守以下、慣れぬ手つきで徹夜徹夜の一週間、演出部文芸部に入団したばかりの故鈴木完一郎は、あまりの酷暑、酷使に殺されると思った、と語り続けたものだ。私にとっても忘れ得ない舞台。この年青年座劇場に七本、金井彰久と二人で製作した。作品の名は上げない、是非『劇団青年座六十年史』をみていただきたい。

今年に入って演劇関係者が年齢に関係なく次々、驚くべき人数の方々が物故している。演劇雑誌『悲劇喜劇』八月号「特集 次代に伝える」は詳しく報じている。自分が長くこの世界に居たことをこんなかたちで証明されるなど、思ってもみなかった。登場する演劇人の総てを見知り、語り、学び、飲み、教示をうけた方ばかり。朝倉さんに長いページを割いている。小さな可愛いお嬢さんだった富沢亜古さんはじめ各氏の文章に心打たれた。しかし「摂ちゃん」の主な作品年譜に、私達が心血を注いだ作品は一つも載せられていない。八月一日初日『ＵＮＩＱＵＥ ＮＥＳＳ』、二十一日初日の田村孝裕さん作・演出『台所の女たちへ』は戦後六十九回目、日本の一番暑い夏、魂と情念がたまりたまった青年座劇場に登場、火花を散らす。蛇足ながら、八月二十一日、七十三歳になる。文句はない。

（２０１４年７月26日）

鼓楼がけむる街に

ケータイがうんうん鳴る、思わずカバンから引っ張り出した。銀行の待合室は結構にぎわっている、我々三人はもう三十分は待っていた。何事であろう、ここは外国だ。そして出発前、劇団の製作部の若い者が外国でも使用できるようにしてくれていたことを思い出した。東京で上演しているある劇団の芝居についての情報を求めていた。一言で良い、悪い、面白い、など言いにくいものだ。十日程前に会った方、今北京にいるんだよ、と言って、一応の意見を述べた。

相手も驚いたろうが、こっちも驚いた。ケータイ電話は簡単に外国にも追いかけてくる。もっともこんなことに今頃驚いているようではなァー。

北京の中央戯劇学院で行われる国際公演制作管理専門家イベントに参加することになり、九月十七日朝羽田を発つ。午後空港に迎えに来てくれた中国の学生と、留学している日本の学生。ホテルに荷を預け、換金のため近くの銀行に入った時のことであった。最近自分では普通の声でしゃべっているつもりが、どうも声が大きく、家人は、いつも注意する。そうこうするうちまた時間が経って、そわそわしていると五十半ばの女性が「何か困っていることがあるんですか」と明晰な日本語で近づいて来た。世話をしようかとのことだが、あわてて我等三人が「いえいえもうすぐですから大丈夫です」

と応答した。自信満々、精力的なご婦人は、何か困ったことがあったら私が体を張ってお役にたとうと、その堂々たる振る舞いは語っていた。

北京中央戯劇学院は、鼓楼に代表されるように古い家並が保存されている一画にある。一九八一年第三次訪中公演が最初、それから何度も訪れることになった。その度に細い路地の小さな店がふえ、人通りはものすごい。日本ではさしずめ日曜日の竹下通りかな。

米、英、仏、露、韓、スペイン、スコットランドと、上海をはじめとする中国各地の人になるイベントは、総て学生の手で運営されている。同時通訳が入ってはいるが、日本人は一人、そのため自分の発言時のみ、あとは中国語と英語である。韓国もそうだが出席する演出家は英語が出来る。したがって三日間はチンプンカンプン。だが、彼等の発言に自分が理解、連想できる単語がしばしば出て来る。そしてお国がらの、身振り表現に集中しているとおおよそ何を語っているかが伝わって面白い。退屈はしないが、ひどく疲れた。運営に参加している学生たちのほとんどは英語が出来る。それも片言などと言うものではない。日本でも小学校に英語教育が叫ばれる時代になり、今までと違ってそれが理解出来るのである。最終日パネラーの発言も終り、テーブルを囲みパネルディスカッションになった。英語圏の人達が中心だが、自分にも発言を求めて来た。聴衆の学生にサービスのつもりで「日本でもアートマネージメント教育が求められていますが、お国は大きい、したがって優秀な人材が必要である、せっかくこういう機会を持ったのですからしっかり学んで、大いにはばたいて下さい」とたどたどしい日本語の王君を通し発言、会場から拍手が盛り上った。びっくりしたと同時にちょっと溜飲が下った。じじむさい一言ですが、間違いなく一番の年かさであれば、お許し願えるのではないかな。この学校を初表敬訪問した時、千田、杉村、小沢先生、水上先生と御一緒だったが、皆今の自分よりお若かく、一週間の訪問は、諸々考えることの多い一人旅であった。

羽田を発つ前日、水上勉作『地の乳房』の顔合せと本読みがあった。前回より出演人数は多いが本を大幅に変えたわけではない。演出家宮田慶子のプランによる。

戯曲が本読みによって立ち上ってくる様子は、いつの場合もある興奮をともなうものだ。三十年前の初演時とはひどく違った気持ちがわき上っていることに気づく。戯曲の後半、舞台が『地の乳房』とはそもそも何であるか、役者の発する一言一言に言いようのない切羽詰った気持ちが動く。私達は二〇一一年三月十一日、東日本大震災に遭遇、原発崩壊の事実をかかえているのである。誤解のないように申しそえれば、告発劇と言ったたぐいの作品ではない。

『地の乳房』初演の「作者の感想」に、「青年座とは、『ブンナよ、木からおりてこい』や『金閣炎上』で縁をもった。多少は座内の空気にもふれてきた。ブンナでは中国公演について巡り、若手の役者諸君の熱気にも圧倒された。まあ、縁もふかまっていた。とりわけ水谷内君が、同じ福井県出身ということもあり、いわゆる若狭ものと人がいう私の仕事に関心をもってくれる数少ない製作者である。作家としては、めぐまれた劇団とのふかまりだろう。」とある。面はゆい、しかし今となれば晴れやかな気持ちをかくすことはない。

（２０１４年10月２日）

『世界へ』、命を吹き込むのは誰

創作劇のみの青年座として始めた芝居創りが六十年になり、内実はとみると、とっくに宗旨がえをしている。とりわけ近年若い座員達を中心に「海外現代戯曲シリーズ」が始まり、大きな話題になっている。新しく翻訳されるが、昔のように「翻訳劇」と言われることもなく、外国の現代創作劇上演は当り前、の認識である。「新劇」という言葉がいつしか消え「現代演劇」と言われるようになり、その範囲は日本とか外国とか、わざわざ色別する必要がない。

三年目に入って初めてフランスの作品が登場する。もっともフランス戯曲は一九六八年ウジェーヌ・イオネスコ『禿《はげ》の女歌手』が上演されているから初ではない。しかし当時は「現代演劇」と言われることはなかった。

文芸部伊藤大がこのシリーズを演出して来た。青年座からフランス、パリへ文化庁海外研修に派遣され勉強してきた実績を持ち、ようやくフランス現代戯曲にめぐりあったことになる。「小田島雄志翻訳・戯曲賞」を受賞した佐藤康さんが持ち込み訳も担当している。演出家がフランス語を解するとなると、上演台本作りはおのずと密になり、多くの時間が費やされることになる。チラシの文句によると、ジョエル・ポムラ氏は「フランス演劇界の鬼才」と言われ、『三人姉妹』を下敷きにした家族の物語に仕上げられている。となると我等の期待も増すというものだ。小生、残念ながらその方の知識は何もないので、まさにチラシを鵜のみです。

立ち稽古に入って進行中の台本を、あらためて読み返してみると、ひどく整理され印象が変っている。そもそもチェーホフの『三人姉妹』はいったいどれ程観たことか。記録に残すような習慣はない、翻案やら、もじり、パロディ、などなど、さまざまであった。ジョエル・ポムラ作『世界へ』は、現代フランス社会のある一族の実態に迫るために、『三人姉妹』のシチュエーションを入れ込んでいる。稽古中の役者達を通して観ると、非常に生々とリアルに日本の現実にもあるであろう、像が浮かび上ってくる。キャスティングという芝居創りにとっては最も劇的なポイント、芝居が生きるか死ぬかの、微妙な接点がダイナミックに浮かび上る。私はまったく久しぶりに新潮世界文学（一九六九年版）を引っぱり出し、チェーホフ『三人姉妹』を読み始めた。あれあれ……不思議ですね(!?)舞台がよみがえります。誰の、どこのと言うことではなく次々に。

確認の思いで翻訳者池田健太郎氏の解説にある一部を引用する。「地方都市に住む軍人の遺族の家族を舞台に、人間の抱く夢と現実との衝突を劇的な葛藤として、恋、三角関係、嫁の変貌などを淡いチェーホフの筆で語りながら、じりじりと運命に追いたてられていく人間の姿を描いた静的な雰囲気の戯曲である」。はたして『世界へ』がいかなる舞台になって我々の目前に迫るか、見て確かめるにふさわしい、二〇一四年最後をかざる舞台になること請け合いです。どうも巷に展開される衆議院選挙、宣伝カーの声に聞こえてきました。

すでに青年座劇場は大道具の配置も決められ、興味津々のプランが出来上っています。開場四十五年（実質）になりますが、劇場初の飾り、一歩足をふみ入れれば、フランス現代戯曲の、最先端を行く舞台にまぎれこんだような気分になります。

去る十一月三日、文化の日に打上げた水上勉作、宮田慶子演出『地の乳房』はじわじわと舞台成果の口コミが滲透、「青年座の六十年」が伊達や酔狂ではない、真摯な創作劇上演運動の暁にあったことを示しました。

三十年前、創立メンバーを中心に繰りひろげたキャスティングを、剛腕にして深く力強い読み込みを持って作家に対し、大きな評価を得た鈴木完一郎演出は、見事と言うくらいに当時の日本がかかえ込む問題に迫った。「あの時代性」は生き続け今日まで在り、劇団はその事実をしっかり把握していた。そして、これを再演する人材を地道に育て、ため込み、継続して来た。総て劇団の人材で舞台創りに取組む。当り前だが「新劇団」がアップアップしている時代、青年座は二〇一五年、『をんな善哉』正月公演もひかえる。ここには次代を切り拓く確かな、新しい才能が魅力的に輝いている。

一九〇〇年（明治三十三年）に書かれた『三人姉妹』が、『世界へ』にもぐり込む。これを劇団がいかに演じ切るか、稽古はいよいよ追い込み、ほんのその一端に触れたに過ぎない私を、「彼等は」しきりに揺り動かす。今、日本中が激しい変化の胎動に面と向っている、逃げもかくれも許されない。

いざ来たれ、青年座劇場『世界へ』、我等は皆「生きていかなければ」「生きていかなければ……」。

（２０１４年11月29日）

行きゆきて戦後七十年、劇を今

一九六〇年、十八歳と何カ月か、大学入学で生まれ故郷、東京に足を踏み入れることになった。政治の時代と言われた情況はまったくと言っていいほど見えていない。大学と下宿屋往復の他は狂ったように名画座に入りびたり。それ以外はいわゆる東京各所をかけずり回り、疎開が奪った自分の「東京」を取り戻そうとやっきであった。もう記憶も怪しげになっているにもかかわらず、その頃の情景だけは鮮明である。

映画を目ざしていた自分は、とりわけ神田古本屋街が気に入り、古い映画雑誌など、見まくった。買う金があるわけがない、食うものも食わずほっつき歩き、いつも腹をすかせていた。

映画、演劇専門店も何軒かあり、そのうちの一軒は今も目抜き通りに在って行けばまず寄る。古本屋にあこがれたわけではない、一種いいがたい癒しの場であり、手がとどきそうで、とどかない、これからを目ざす自分に最も遠い場所であった。

年が明け、今年上京五十五年になった。生まれた頃を加えると六十年近く東京生活を送っていることになる。しかし、出身は、と問われると疎開先奥能登から小学校三年二学期に越した福井県芦原町（現あわら市）と答える。わずか十年たらずだが夢をむさぼる刻《とき》がつまっていた。さて、その夢の実体がいかなるものであったか、書きようもない。

二〇〇六年、富士経済グループ会長、詩人阿部英雄先生のお声かかりで、青年座の芝居を観てもらいたく、知人友人に書き送っていた勧誘目的の小文を一冊の本に仕上げて下さった。『劇を。』は芦原時代、つまり青少年時代まったく夢にも思わなかった、実に大それた出来事であった。劇団仲間はこの本を旅公演にも持ち歩いて芝居のパンフレットなどと一緒に売ってくれる。もう十年になるのに今も続けている。一月八日からの『をんな善哉』シアター一〇一〇公演でも二冊売れ、その場を目撃した。確か四年前になる。『劇を。』が神田、例の古本屋さん矢口書店に並んでいるのをみつけた。この時の動揺を思うと、何とも、思わず手にとって、あたりを見まわし、あわてて書架に戻した。それから三年過《た》った。いつ行っても同じ場所に本はあった。その時々、気持ちのあり様はいろいろ、売れるわけがない、誰も相手にしない、他の本に申しわけない……。

二〇一四年暮れ、手が伸び立ち読み、開けたページに目が止った。「三好十郎作『廃墟』は五十年前、戦後の廃墟に生きた一家の物語である。その強烈な筆致は生命力をもってうむを言わさない迫力があり、心打たれ、今こそ上演しなければならない、と決意したのではないか。たとえ観る者が一人もいないとしても、その衝動と覚悟が、この俺のありのままの気持ちが大事ではないか」。千円握ってレジに向った。そして一つの区切りをつけた。この文を書いて十九年、本が出て九年。

あの舞台は、一九九五年文化庁が芸術祭主催公演「戦後一幕物傑作選」を企画。三人の製作者に企画をまかされ、しかも三年間にわたる、その二年目、水谷内助義プロデュース公演として上演された。むき出しの意気込みである。今年は戦後七十年、何かにつけこの事実が前面に、あらゆる意味で今の日本を凝視《みつ》めることになり、延《ひ》いては世界を語ることになるのではないか。私は確かな知識もなくたやすくグローバリゼーションなどと言ってきた。これは経済用語のみならず多方面に当てはまる今日的言葉ではないだろうか。古本屋の最前線、華の舞台から自らの手で引き下した、とも言える行為に実はじくじくこだわっていた。年だね、これは。

例のごとく演劇界も昨年の総括が出まわり表彰やら、ランキングやらと話題はつきない。何度もふれてきた新劇団の消長もにぎやかだった。劇団は三月、最後の六十周年記念公演、早船聡作『鑪――たたら』を残すのみ。それに先だって『をんな善哉』は一月十三日、四年目の旅に。八面六臂の活躍が続く高畑淳子も元気に出て行った。他人が見る以上に大変な仕事、彼女が劇団創立の年に生まれたことを考えると一緒に年を重ねる実際を意識せざるを得ないだろう、と余計なことを思ってしまう。いずれにしても青年座は彼等の世代が中心になって明日をめざしていることは確か、思いの様をぶっつけて欲しいと願わざるを得ない。「おいおい、あんた、そんなことを言う年でもない、いやいやもう十分でしょう」。

水上勉作『地の乳房』が三十年前の創りを一新、その成果は「さすが青年座」と多方面から称賛された。多分この舞台も全国公演に旅立って行くことになるのではないか。六十年の原動力は濃厚な演劇的情念の発露にある。その意味で現代フランス戯曲ジョエル・ポムラ『世界へ』は難解、手に負えない、と言われた、が、感動的、手ごたえありの声が多数だった。

今起っている彼の国の現実と無関係ではあるまい。演劇は深い。

（2015年1月19日）

終りの、始まり

『鑪――たたら』は終った。

創立六十周年記念公演第六弾であった。つまり青年座の新しい世代が活動する、スタートを切ったということだ。ところが、私はこの期に及んで次々に古い記憶が思い浮かび、はたと立ち止る。

創作劇の青年座が六十年、二百十七回の本公演に若い作家の書き下ろし新作を上演したことは当り前のようにみえるが、実はそう簡単なことではない、と言いたいのだ。

私が早船聡さんの作品に出会ったのは二〇〇八年、新国立劇場の「シリーズ・同時代」一回目『鳥瞰図』。文学座の新進演出家松本祐子さんとの舞台は、初体験と言ってよかった。その時のメモが残っている。「若手作家にしては手がたく、話しの展開のスローぶりは船が港を出てはたして航路に出ることが出来るのだろうか、と思ってしまったが、登場する人物たちの像は、しっかりしていて、渡辺美佐子さんに代表されるように、キャリア何十年の役者が観客の心をとらえる。したがって観る者の世代観にそれ程の違和感がなく」、若い作家がとらえた日本がそこにあった。『鑪』はあれから七年後青年座登場、待ちうけた演出の須藤黄英は演出家をめざし劇団に飛び込み十二年の時を刻んでいた。つまり、創造集団の歩みはこうした時間の積み重ねである。そして作品は青年座劇場に姿を現わし、わずか十日間で消えてしまう。面白かったのかつまらなかったのか、私達は上演時間二時間に総てを賭ける。以前にも書いたと思うが、「THE 青年座ユース会員」の方々は我々と創造の楽しみを共にしてきた仲間である。演劇集団はこうした活動を大切にしている。最新の『ユース通信』に書いた。「早船さんは、初日祝いの席で、戯曲が青年座に迎えられ大きく羽ばたいたことを感謝する一言を残しました。そして、多くの方々から寄せられたアンケートには二度も観て下さった方が何人もいらっしゃった。舞台と観客の間に流れ、受け止めるものは皆違います。それらが一つになって二時間があっと言う間に過ぎて行きます。山路和弘・康平、山本龍二・鉄三の昭和から平成に流れる時間、石母田史朗が二役を演じた両者の息子、とりわけ生き続ける康平の息子幹生のこの先、いかなる物語が待ち受けているのだろうか。選ばれたわずか七人の役者たちが、錯綜する濃密な空間に身を投じ、展開する人間模様の機微に、私達は思いを馳せる。これこそ観劇の醍醐味と言えまいか。桜花　刻刻　四月来る春のみ空に描くゆめは」。

一九六四年、東京オリンピック国立競技場の聖火台を創った川口市の「伝説の鋳物師・鈴木文吾」に想を得て描かれた『鑪』は、私の上京、青年座六十年の随所に重なるものであり、今日ただ今の世相にいやでも写る合せ鏡である。御覧いただいていない人に訴えるには、はなはだ心許無いのですが。自分中心にみれば鋳物師を目ざすライバルであった父親の立場である。鋳物師を捨てた康平と続けた鉄三、生き残る康平の息子が紆余曲折の末、鉄三の元に行きつく。ここから明日が始まるであろう幕切れは見事な嵌《はま》り方であった、が微妙な余韻を残す。

この辺の観客の気持ちになって文章を終らせたかった。しかし気持ちがうわっすべり、つい決り文句、春は桜だ、とはしってしまった。しかし、それでは身も蓋もない。昔、「若いみそらで、何だ」てなことを言ったり言われたり、歌われたことがふっと浮かんだ。広辞苑を引っぱり出す。みそら【み空】空の美称／みそら【身空】身の上。分際。「若い―で」。驚いたのは続いて、みそら・ひばり【美空ひばり】とあった。所持しているのは一九九八年第五版、いつからこの項目が入ったのか知るよしもなく、しばし文章どころではない、昭和の、戦後七十年の……。迷いに迷って「身空に描くゆめは」とし劇団に送った。程なく「身空」でいいんですか、念押しの電話が入った。つまり今時、こんな言葉は使わないし、ピンと来ない、ということだ。即座に「み空」に変更した。しかしスマホの時代いったい誰れが夢などみるのだろう。こんな小さなやりとりが、私にはひどく意味があるように思えた。

四月も中旬、このところ現代演劇界、話題の中心は「別役実フェスティバル」ではなかろうか。幅広く呼びかけ実行委員会を組織、実に十八団体が参加、十九作品が終了するのは来年七月だと言う。他に「交流プロジェクト」二つ、そのうちの一つが青年座劇場『別役を読む、聞く、語る』。詳しくは冊子をみていただくしかない。まずは五月二十九日から『山猫からの手紙～イーハトーボ伝説～』に注目が集まっている。

日本発「世界の別役実」の始まりだ。

一九七〇年八月、別役さん青年座初登場『象』の思い出は強烈。舞台美術家朝倉摂さんは製作担当の私に、まず空間創りから、新築間もない青年座大ホールの場内全部「真黒に塗り固めろ！」から始まった。このいきさつは次回に。まずは『山猫からの手紙』御来場を！

（２０１５年４月23日）

小さな一人旅

『山猫からの手紙』は青年座劇場を連日満員にし、とりわけ若い観客が必ずと言っていい程しかるべく席を埋め、青い息使いを発していた。彼等は製作部員の指示にしたがい開演時間に近いところで入場すると、たちまち場内に活気が沸き起る。別役さんの初期に入る傑作が文学座で初演された時、私も若手演劇製作者の一人として観劇したはずだが、ほとんど記憶がない。重々しい、格調高い舞台であったように思うのだが……果して青年座劇場に満たされた空気はいかなる言葉をもって表していいのか。次々に上演される「別役実フェスティバル」作品が現代演劇上演の場に登場しいかなる舞台を創り上げているか、総てを体験するわけにはいかない、もどかしさはある、が快挙であることは確かだ。若い演劇人の立ち上って行動している状況が目に浮かぶ。来年まで続くことを考えると、その間に多くの「問題」も語られるに違いない。

公演が終って二日後、ちょっとした旅に出た。七月早々、第五次ブンナ全国演鑑連中部・北陸ブロック公演が始まる「事前学習会」である。組織的に演劇上演が全国で行われている日本で、唯一と言っていいこの会に作品が取り上げられることが、いかに大変なことであるかは、以前にも触れたように思う。劇団それぞれの作品が迎えられ、一つ所で上演だけすればよい。いわゆる観客動員なる大仕事もない。簡単にこんな書き方をしてしまったが、許していただいて、各団体を運営している会員の皆様が、例会に決った『ブンナよ、木からおりてこい』の舞台に多くの会員を集める上でいかに向えばよいか、その手助けをするため、私は創造者側の立場で舞台の魅力や話題を語った。一九九〇年代に二十八万人会員が実現していた頃に比べると、今は十五万人台になり、先行の厳しさは申すまでもない。ここでその理由を書くことは出来ないが、私達が日常生活を送っている時代環境に目を止めてみればお察しいただけると思う。

「生活の中に演劇を」はそんなにやさしいことではないわけです。

私がブンナ立ち上げからずっと続いているスタッフであることもあり、また作者水上先生とのいきさつのことも含めて、今日まで上演が続いている、息の長い上演活動のエピソードを自分の言葉で語り歩くという旅です。舞台をともなわない小さな一人歩きですが、ここでも自分の生活習慣を変えない、気儘さ。それは運動の最前線という切実、生な切羽詰った二時間、ないしは一時間半、会員の方たちとの勉強会ということではない、つまり生活の中の演劇という実態が何らかのかたちで反映されていなければならない。

六月十日、久しぶり新幹線で名古屋、名鉄に乗り換え伊勢市。十九時、立派な「いせトピア」の二階「いせ演劇鑑賞会」の例会担当者が五十人ぐらいでしょうか、教室がいっぱいになる。舞台を持って来たのがいつであったか、はっきり思い出せない中で話し始めた、妙な気分でしたね。翌朝伊勢外宮を一っ走り後、犬山市に移動、ホテルにチェックイン。夕方、名鉄犬山線「江南」にある「尾北演劇鑑賞会」。夜になり強い雨が降り出した中を年配の女性中心に十数名が事務局に集まってくる。見渡したところ、私より年上の方も居て雨音も一つのリズムといった感じでなごやかに始まる。そして、あっと言う間に終り、あとは夜食をかねて交流会、そこで開口一番、実は私が一番年長者であることが判明した。いやはや。会場から犬山の宿までは会員御夫妻が車で送って下さり助かる。六月十二日、雨がまだ少し落ちる犬山城下を走り抜け、木曾川に向い川沿を走る。速い流れと、白雲にけむる山々、聳え立つ天守閣のたたずまいは江戸の生活と文化を色濃く語りかけているように見えた。ホテルまでの帰り道、早朝の家並は細部にわたって手入れが行き届き、街が愛され育まれ大切にされていることが伝わって来る。ここに会員が生活している。昼には岡崎市へ、岡崎演劇鑑賞会も多くは女性。若い頃、矢代静一作『写楽考』の例会以来ではないか、本当に久しぶりの岡崎訪問であった。雨が上った快晴の街は活気にあふれ、こんなにぎわいであるからと言って演劇を観る人が多い、とは言えない。

いったん帰京、十九日大ブームとなった北陸新幹線「かがやき」初乗車。関東平野から軽井沢、そして日本海、二時間半もすると北陸金沢。駅の混雑、いったいどこに着いたのか、にわかには理解出来ないその風景、ブームの実際と言えばそれまでだが、それにしてもすごい。私はここで七尾、金沢、富山、魚津、砺波に所在する鑑賞会を回った。その印象を細かく書き記したい気持ちはやまやまだがひとまず置く。戦後七十年と言われる中、文化立国、文科省、二〇二〇年問題、政治・文化・社会の厳しい変転の中に生きて、演劇上演活動をとにもかくにも続けていかなければならない。新作『外交官』初日目前、若い女流・野木萌葱、渾身の戯曲登場である。

（2015年7月13日）

秋天下、夢追うものの

劇団に帰って来ると青年座スタジオ公演№119、ウィリアム・ローズ作『招かれざる客』のチラシが机の上に置かれていた。なつかしい映画の舞台化に執念を燃していた津嘉山正種の意地が、ついに事をここまで運んで来たことになる。

十二月十七日初日ということは、間もなく始まる吉永仁郎作『二人だけのお葬式——かの子と一平——』に続く、ドナルド・ビーヴァン＆エドマンド・トルチンスキー作『第十七捕虜収容所』の次、本公演宮本研作『からゆきさん』の稽古に渡したあととなる。劇団が代々木八幡に拠点を移し青年座劇場をオープンすること四十六年、座員の演劇創造意欲は衰えを知らず。芸術の秋、使い古された言葉は昨今あまり耳にすることもなく、事象の中に埋もれてしまった感がある、が青年座は元気と言える。スタジオ公演が本公演と一線を画することは何度も触れたように思う。劇団の総意にもとづく公演ではなく、座員個人の発想と責任により企画される、それゆえ個にかかる負担は大きい。本公演、研究所を中心に使用する劇場を年何回かはスタジオ公演に空ける。長い年月にわたって劇団運営をして来た座員一同の智恵である。本公演『からゆきさん』が第二一九回、後を追って始まったスタジオ公演が一一九回になった。この回数に思いはつきない。

九月十日『二人だけのお葬式——かの子と一平——』の通し稽古が行われる。作者吉永仁郎氏がおいでになると言うので立合うことにした。企画・演出金澤菜乃英はこれがデビュー、世間一般に言えば修行の身と言える。まだ二十代の若者が演出助手など様々な劇団の仕事をやりながら、密かに演りたい作品をさがしていた。そして行きあたった作品である。図書館の何巻にもなる吉永仁郎戯曲集の中に眠っていた未上演の作品に目が止ったと言う。当り前とは言えこうした行動がうれしい。しかし吉永氏は現役最長老の大家である。製作部長紫雲幸一が間に入り、私にも話がまわって来た。吉永氏は民藝、蝉の会を立ち上げ、新国立劇場二代目演劇芸術監督など、第一線に立ちつづけた演出家故渡辺浩子さんと数々の注目作を創り上げ、私はほとんどを観ていた。

一九九三年、三歳上の森塚敏が日中文交訪中演劇団団長で吉永氏と御一緒し、その時の興味深い話を聞いたりし、親しみを感じていた。八月某日吉永氏のアジトに金澤、紫雲、私が出向くことになった。浩子さんの死去と共にお蔵入りとなった作品が金澤の熱意によって日の目を見る。一座を組む顔ぶれに注目したい、彼等はこの戯曲に潜むただならぬ魂魄に突き動かされたに違いない。そして八十六歳の吉永氏は今、民藝に新作を書下ろし、十月二十日幕を開ける。氏の『大正の肖像画』は期せずして競演となった。

晴れを忘れた秋天、我が街。多磨霊園は広大な一画、岡本家墓地。一平、かの子、太郎の個性あふれる墓碑は私を「物語世界」に誘い、散策にいつも笑みをもたらす。この日の通し稽古中、しばしば笑いに襲われた。初日が近い、御挨拶に出掛けずばなるまい。一九六〇年大学入学、中目黒の叔父をたよって再び上京以来点々とし、府中市白糸台に落着いて三十五、六年になろうか、京王線「多磨霊園」

駅は私の終点になりそうだ。いや、今のところとしておこう、何が起るかわからない昨今であれば。

青年座が下北沢から移った頃は代々木八幡に出来た初の高層マンションの住人であった。それがどうだ、当時マンションの寿命は六〇年と言われていたが、とんでもないことになっている。二〇一一・三・一一当日の揺れを思い出せば当然か。ほぼ同時期に内幸町から渋谷神南に引越してきたNHKも建替え騒動が持ち上っていたが同じ所に建つことになったようだ。私達は勝手に隣組などと言っていたが、近い将来、どうなることやら。

間もなく劇場には本番道具の仕込が始まる。一方、第一教室は研究所授業を縫って『第十七捕虜収容所』稽古たけなわ。チラシを見て下さればおわかりと思う、目つきの良からぬ男共が、しかも初見と思われる人が何人もいて尋常ではない。誰がこんな企画を立ち上げたか。かつてスタジオ公演初期、次から次にとんでもないとしか言いようのないものをブチ上げていた頃を思い出した。

文芸部斎藤理恵子と製作部星美佳企画・製作である。一九四四年、ドイツ軍捕虜収容所が舞台、この話を聞いた私は思わず「うーん」とうなったものだ。そしてプランの全貌を現わす一枚のチラシは刺激的であった。舞台創りに込められる人間関係の構築、その動き、回り始める稽古場、困難、やがて来る喜び、期待がごちゃまぜになって狭い青年座の空間にひしめいているのである。

私は去る八月二十四日、日中文交演劇訪中団団長として演出家丹野郁弓さん、女優高橋紀恵さん、製作者白川浩司さんらと羽田を発って一週間北京、上海の演劇関係者、舞台、風物に触れて来た。九月三日天安門広場、つくられた青空の下、あのパレードをテレビで観た。ここに書いたひとくさりは、そんな有為転変の片隅に浮かんだ一風景である。

（2015年9月14日）

怪しい時代

「新劇手帳」二冊持ち歩く季節があっという間にやってきた。前回「秋天下、夢追うものの」日付は九月十四日だから明らかに一回ヌケている。今頃気がついた訳ではなくずっと気にしていながら手につかなかった。違うな、正直書けなかった。と言いながら動いている範囲の中では求められるまま結構あちこちに書いていたようだ。自分の本拠が空き家になっていた。言い訳はこの辺にして、二〇一五年の青年座はどうであったか。ずばり、大変良い舞台を創り上げ、全国にわたる上演活動も健闘した。立場上あれが良かった、これがどうも、などと言うわけにはいかない、一言、青年座ここにあり。

早船聡作・須藤黄英演出『鑪』は、一九六四年東京オリンピック国立競技場に据えられた聖火台を作製した川口市の鋳物職人の物語であった。三月、青年座劇場は山路和弘、山本龍二、石母田史朗を中心に熱気あふれる舞台は連日満員、現実では二〇二〇年オリンピック、エンブレム、新国立競技場建設問題で大騒動、まるでタイミングを計ったようであったが、時の話題をなで回す浮薄なものでないことは言うまでもない。芝居に込められた「時間」と現実の時間は計りがたい。今頃ようやく二つの設計案が発表され大にぎわい、そしてエンブレムは公募とかでこれまた大騒ぎ。始めっからこうすればいいのに、変に恰好を付けるやからが多すぎる。そう言う私も神宮外苑、広っぱに変ってしまった競技場跡に行った。いつだったか忘れてしまったが、真っ白なパネルに囲まれていてほとんど何も見えず、しょうがないと思いつつ、すき間を見つけてのぞいた。かつて国立競技場のランニングクラブに入って走っていたことがあって感慨の一つもと思ったが、何一つない。昔、上京した頃、何もかも新鮮、俺の生まれ故郷「トウキョウ」をむさぼり見て歩いた、その頃をなつかしむ心もわかず、変としか言いようがない。自分の心にあるのはたびたび目にすることになったニュース映画やテレビの一コマにある「東京オリンピック」でしかない。一年後のリオデジャネイロ、五年後の東京を目ざす若いアスリート達の夢をぶっつぶす不逞のやからの言い草か、まだ野次馬根性が残っているのか、それとももっとかまって欲しいのか、しつっこいね。まったく。

八月、これも青年座劇場、野木萌葱作、黒岩亮演出『外交官』は刺激的と言うより衝撃であった。重光葵を描きたい、ということは聞いていた。まだ三十代、日大芸術学部演劇学科、戯曲コース第一期を卒業した女性の青年座二作目。これはなかなか難かしい。しかし、見事書き上げ、我々をあっと言わせた。『重光葵手記』を所持、読んでいたことを思い出し話すと、貸して欲しいと言うので彼等スタッフ、キャストに提出した。それはともかく、東京裁判というか、極東国際軍事裁判の前、事、ここにいたった国の外交に携わった面々が事前に集まって対策を協議する。何という発想。

公演後、八月二十一日七十四歳になり、八月二十四日、日中文交訪中演劇団の団長として北京に発った。九月になれば、二日ミズーリー号上の降伏文書調印、三日中国の戦勝記念日、大々的な記念行事が展開される。その前に帰国しなければならない、誠にあわただしいスケジュールであった。五人のメンバーで当然ながらうんと年上の私。国家行事を前にした緊張感が強いと思っていたが、思った程ではなく、拍子抜けする。ただ青空が目立ち、あれこれ規制があるに違いないことを思う。その証拠に上海の空は中国の空であった。若いメンバーは接待をして下さる中国側も同じ、それは精力的、公式な食事会にしても儀礼は始めの少々、酒が入ったりすると言いたいことだらけ、世代の違いなどがあって私はとまどったが、遠慮ない意見交換であった。無論政治的な話題はタブーだ。ともあれ若さが双方にあふれる。『外交官』に展開された「時間」と、訪中した私の前に現われた時間は連続しているが、その隔たりは大きく、そこに意味があり、未知の明日を考えるよすがとなるだろう。

九月に入って青年座スタジオ公演、吉永仁郎作、金澤菜乃英演出『二人だけのお葬式』、続いて斎藤理恵子演出『第十七捕虜収容所』、次々に登場するスタッフ、キャストが新鮮かつ魅力的であった。そして今年最後の本公演、宮本研作、伊藤大演出『からゆきさん』が初演以来三十八年、三回目の公演であった。私の大好きな場、男からも国からも故郷からさえ見捨てられた彼女達からゆきさんが、ただ一人アカネという生娘を日本に送り返す。その行為に夢と希望を託して更に奥地に旅立つ。観客には救いを残し幕となる。が、今回アカネは本当に本土、天草に帰り、からゆきさんたちの願い通り幸福な一生をとげたのかどうか、はなはだ疑わしいと思うのである。何故か、つまり二〇一五年の上演、この時代が怪しいのだ。

（2015年12月22日）

見届けなければ……

突然浮かんだ「春の日のひねもすのたりのたりかな」、いや海だろう。こんな調子の一日があるとしたら、それはそれ。新しい風景が身のまわりに始まったようです。たまに友人と会う。病気と孫の話はタブーと思いながらいつの間にやら花が咲いてしまう（私に孫は居ません）。

五年目になった三・一一。あの日劇団は『赤シャツ』舞台稽古の最中。この事実も過去。

二〇一六年三月、青年座は三代目になる宮本研さん『からゆきさん』が氏の出身地になる九州公演に旅立ち、代々木八幡は四月公演鈴木聡作、宮田慶子演出『フォーカード』稽古中。青年座ユース会員の皆様には刻々その進行にあわせて情報をお知らせしている。本当にあわただしくもせわしない。ものを創る、夢中になればなる程、我を忘れその中にこもってしまう。しかし現場は孤立などと縁がない、皆で創れば創るだけ多くの世間を引きずっているわけだ。

ところで私は麻雀、トランプなどなど、およそ賭けごとにとんと縁がない、いや嫌いですね。したがって「フォーカード」の意味はなんだかねって感じです。

実際キャスティングされている役者、スタッフ達にしてみればそんなよまいごとにかかずらっている暇などあるはずもない。はい、私の立っている所にぽっと開いている「穴」の話です。

今年の青年座は二百ステージを超す舞台が上演される、ということは稽古があるから一年三百六十五日芝居漬けですね。製作部の一員としては誇らしく、体の動くかぎり若者と一緒になって一人の観客を劇場に迎えるべく汗を流さなければならない。意あまって身体動かずではどうしようもありません。

ところで、あと四カ月、私は後期高齢者と言われる身分になります。その実感とやらがどんなものかわかるわけもありません。久しぶりに身体に起った近況を記してみようと思います。二〇一三年十二月九日思いがけない食道癌再発、手術をしました。相当大きいものだそうで、紹介状を持ってがん研有明病院でした。「快心の出来」から半年に一回の検診をクリアーしてきました。

昨年暮、めずらしくちょっとした不注意があって風邪を引いた。何時以来かまったく覚えがない程、軽くみていた咳が激しくなり、一向に治まる気配がない。こうなると私のもう一つの仕事である芝居を観る、劇場通いが苦痛になった。どなたも覚えのあることと思います。そして年末、術後二年目最後の検診があり、その結果が年明け早々に出た。

「肺に転移の疑いあり、二週間後再検査しましょう」。確かに肺に影があった。それが癌なのかどうなのか自分に分るわけがない。「しかし先生、二年もたって出てくるんですかね」「あの時風邪がひどい、まっ盛りでしたから」。納得のいくものではないが仕方ない。風邪を引きずりながら、年が変った。新年の目出たさなど、ふっとんだ。

食道の患部跡は美しい、どこがおかしかった、と言いたいくらい、なのに転移って突然勝手にやって来るの？　一月二十日、主治医の顔は明るかった。「肺炎のせいですね、すでに消えかかっています」。「ほっ」。肺炎なる自覚症状もわからず、毎朝日課の走りをこなしながら気の重いイヤな日に区切りがついた。

一月二十二日、古川貴義作『俺の酒が呑めない』初日、青年座劇場の空間を完全に使いこなした見事なもの、観客も日に日にふえ、満員御礼、にぎやかに今年のスタートをかざった。劇作家古川貴義さんはまだ三十代前半の若者、展開した舞台は会津の造り酒屋、世代のまたがる一家に起る今日的なきわめてリアルな物語。七十代から二十代の登場人物を役者が伸び伸びと演じ、青年座にしか出来ないアンサンブルをみせる。劇団の六十二年にわたる年輪にまで想いが拡がる。あわや、あわやの連続に在って、自分の個人的な出来事も、ふっとんでしまった。

先にふれた『からゆきさん』は初演一九七七年、再演が一九九〇年、つまり三十九年の時間がそこに流れ、かかわった人達、劇団員の多くの面影が行き交うのです。

劇場に生き、劇場に死す。演劇が作り上げる時間と現実の時間、止むことのない営み。

疑いが晴れたとは言え、私の体にはいつ現われてもおかしくない「転移」という名の得体の知れないものがついてまわる。悔いのない日を過したいものだ。三月二日「板橋 City マラソン（フル）」、二十七日「多摩ロードレース（十㎞）」、四月十五日『フォーカード』初日、そして十七日十年目になる「かすみがうらマラソン（フル）」が待っている。

誤解を招きそうですが、あくまでも切望するのは紀伊國屋ホールを満員にすること、不器用な男の願いごとです。皆さんと一緒に『フォーカード』の企みを見とどけたい。

（２０１６年３月18日）

時々刻々、演劇は征く

三月後半板橋と多摩のロードレースを終え、四月四、五、六日『からゆきさん』九演連続一例会の熊本市民劇場公演に出向いた。四百万円近い現金の運び屋が課せられた第一の仕事でした。今時、何んて古くさいことをやっているんだ、とお嗤いになるかもしれませんが、一行三十九名の雑用を一人一人封筒に詰め込むと結構なかさと重さになります。旅も後半になり現場の負担を減らしたい、それに今時公演中の現金授受などまずありません。昔七、八百万の金を鞄に入れこみ歩きまわっていた頃を思い出しました。熊本県立劇場初日後、楽屋で手渡している製作者の姿を微笑みを持って見守った。手作り演劇の一つの姿であります。

宮本研さんの地元、「からゆき」の事実を時代を超えて見詰める人々の確かな手ごたえ、「劇場に生き、劇場に死す、演劇が作り上げる時間と現実の時間、止むことのない営み」を実感する。二日間滞在の早朝、熊本城の優美な姿を見上げながら一周五百mぐらいの城内公園を、四月十七日の「かすみがうらマラソン」にそなえ二時間走る。修復してかなりたつ城の、桜こそほぼ散っていたにしてもかぎりなく美しく、年がいもなく浮き立つものがありました。そして藤崎台球場のセンター、スコアボード裏に樹齢千年、一番ふとい幹は二十七mにもなるくすの木七本生息、そびえ立っています。熊本城に行く度に必ず全身をゆだね、耳を押しつけ抱きかかえることにしています。千年生き続けるって……。

一行が博多に入り八ステージ目、四月十四日夜地震が突発した。昼間、紀伊國屋ホールの『フォーカード』舞台稽古とほぼ同時間、博多は本番が終っていたとはいえ、我々がその時全身に負ったショック、時々刻々を表することは出来ません。

翌十五日『フォーカード』初日、『からゆきさん』は長崎県下に入った。現地の選択は本番決行であった。熊本の惨状は本震の十六日はいうまでもなく目を覆うばかり、揺れ続けるなか上演は続き、「芝居など演《や》っている場合か」と言われかねないスレスレの毎日です。『フォーカード』を御覧いただいた多くの方々も、東京は遠く離れているとはいえ複雑な心境であったと思います。

四月十七日、私は予定通り「かすみがうらマラソン」を内心忸怩たる思いでしたが走りました。後半二十五㎞過ぎ、かすみがうら側に出た時、強烈な雨風に出くわし、とり入れ後のハス田に引きずり込まれそうになりながら、四時間十三分程かかり完走。これって一体何といったらいいのでしょう。

四月二十四日十三時『からゆきさん』最終公演が佐賀市文化会館、『フォーカード』は十四時千穐楽、劇団六十二年にこんなスケジュールがあったろうか。何事もなければそれ程思い入れることもなかろう、が全国が注視、固唾を飲む状況の中であった。劇団は二つの舞台を演りとげ、二日後、六月公演『天一坊十六番』振り付けの顔合せでした。

矢代静一さんの傑作『夜明けに消えた』紀伊國屋ホール初演、大評判をとった翌年、劇団は下北沢から代々木八幡に越した。現在の青年座劇場柿落《こけら》としとして上演された『天一坊七十番』、四十七年後の再演です。私はあの時二十八歳でした。世代はめぐります。振付者・近藤良平さん（コンドルズ）

ひとりとっても、当然、スタッフ、キャストは一新しています。今の時代にいかなるパフォーマンスをくり拡げるのでしょうか。

そしてもう一本、水上勉さん『ブンナよ、木からおりてこい』がついに東北の旅に出ます。「東日本大震災」後五年経過の今日、復興未だ途上の日々、待望の舞台ともいわれていますが、実際どう迎えられるか、予測のつかないのが正直な気持ちです。熊本大地震を身をもって体験してきたばかりの劇団にとっては、なおもその最中に踏み入るような気持ちがあります。演劇がこうした日常の中いかなる役割を持ち、受け入れられるか、しかとした解答など出るはずもありません。

初演から三十六年、千三百回を超え、中国、韓国、アメリカ、ロシアにもかかわりを持って今日に至っており、この旅は来年も続くことを思うと、日本各地をほぼ回り、なおかつ未見の人を求め旅することになるのではなかろうか。

五月二十一日、旅の先陣を切る、さいたま市民会館おおみや一回かぎりの公演ですが、是非おいでいただきたいと思っています。やりくりする日程の中からあえてこうした公演を仕掛ける、これが劇団であり、一回に集中することが創造にかかわる者の性《さが》でありましょう。若い製作者が現場を背負います。これは今も昔も同じですね。初演を観た人の中には親となり子をなし、お孫さんをお持ちの方もいらっしゃいます。

私は今度も勇んでまいります。おおみやでお会いしたいものです。

（２０１６年５月６日）

芝居は生もの、四季折々の顔がある

夏、皆様無事乗り切ったことと思います。しかしこと気候に関していえば、かつて当り前であった麗しい日本の四季を普通に感じながら生活する光景は少なくなりましたね。短絡しますが、電車の中の風景に結びつきます。十人中八、九人が手にする機器に向って一心に指をつっついている。そこにはあらゆる事象がつまっているのでしょうね、つくづく感心、か。世の移ろいを私のような半端な年代の男が悲憤慷慨しても始まらない、一体どこに行ったら平穏な気持ちで居られるのだろう。

七月に御機嫌をうかがって以来気がつけば十月も終りです。世の中の動きに耳を、目をふさいでいたわけではない、気持ちと行動が一致しません。

十月二日、毎年参加していた郷里福井、新聞社の主催する「福井マラソン（ハーフ）」の当日でした。私の「森塚敏追悼マラソン」も十一回目になる。彼が健在であれば九十歳と一日です。群れて走るなどまっぴらと敬遠していた大会に参加してみると、思いもしない楽しみがありました。親類縁者の多くが住む土地に年一回でもつながりが持てるわけです。今年のレースは六十歳以上、二十位、全体で三百七十七番、翌日の新聞に各年齢分け上位五十人が載りますからこれで十一年連続になるはず。「わざわざ東京から物好きなヤツも居るもの」と中学高校同期の誰かが見てつぶやいているかも知れない。

小さな楽しみの一つです。森塚敏さんはシャイな男でしたから、また例によって眉根にシワを寄せ、腹立たしさを装って「フン俺をダシにしやがって、田舎者が」と苦笑いをしていることでしょう。

ところで今年のコンディションは厳しかった。九時五分スタート。予想では小雨も降るはずが、刈り取られたたんぼに陽は昇り気温はグングン二十七、八度、体感三十度以上。給水所の水を全身に浴びること数度、ほとんど役立たず。ダラダラと長いヒモのようなレース状態。ゴールは福井国体にそなえた改装工事のためグラウンドに入れず、小川にそった脇道。そこで右足をゴールマットにひっかけ、ふんばり切れず左頭から崩れ落ちるようにフィニッシュ。ぐんぐん顔が地面に近づいたのを鮮やかに覚えている。みっともないが救護班だ。愛用のサングラスが割れて飛び左眉の横から出血、左肩から足にかけあちこちスリむけ、「救急車！」の声に驚き、「待ってくれ、こんなもん平気だよ」。十五針も縫えばすぐだという声もしたが断固拒否、左顔半分隠れる程オーバーなガーゼを貼られ解放された。

病院の厄介になっているわけにはいかない、三時に福井を発って金沢に行かなければならない。お隣の石川県金沢市民劇場は今年創立五十年になり、そのお祝いの会に出席することになっていた。

五十年は私が青年座に入り演劇の世界に生き、今日に至る軌跡にぴったりはまり込む。舞台を持って富山、石川を回る時はいつも福井を素通りする。実は全国演鑑連に加盟する組織を持たない県は数少ないが我が福井県はその一つだ。くやしい思いは今も同じ、いっそのこと自分が働きかけて会を作ってやろうと思ったこともあったが、それ程簡単なものではない。郷里と先に書いた。疎開先の能登から芦原温泉に転居、高校までの福井県住いぐらいでは、よっぽどのことがなければ地に根づく組織は作れない。況んや演劇を観続ける会だ。

顔のガーゼを捨て、止血のデカバンソコのまま。内出血はまだ顔に現われず、腫れもこれからという感じではあった。何くわぬ顔をしてパーティに用意された市民劇場資料の一つ、五十年の平均会員数をグラフにしている表をみていた。実に面白い、意味深の表情を持ち、それは一つの山、稜線をくっきり示し、本当、見事な物語。区切りとおぼしき年に簡単なキャプションが入って、そびえる山にかかるちぎれ雲、といった風情だったので、自分にあった過去の劇的事件（芝居以外何もない）の数々が浮かんでは消え、消えては浮かぶ。事実は市民劇場会員の浮き沈みが、今日に至る赤裸々な問題点を示す、むしろ深刻な現実である。これを念頭におけば、私的想念にふけっている場合ではない。こりゃぁ頭の打ち所が悪かったかな……。

かつて四千五百名を越え全国の目標となった頃、我が劇団の作品が名をつらねている。高木達作『パラダイス オブ ギンザ』、鶴屋南北原作・石澤秀二改作『盟三五大切』はいわゆる大型レパートリーといわれ、作品の構え、劇団の総力、どれをとっても一丸となって創り上げていた舞台だ。ちなみに私の年齢は四十代後半という頃ですが、いろんな意味でハラハラドキドキといった年頃でしたね。すでに劇団では俳優、演出家、演出部、製作部の若手といわれた者がバリバリ、ツッパッていたわけです。

金沢市民劇場の会員と各劇団を代表して参加している人達が語り合う二時間以上の時間は、私達にとってかけがえのないものです。かくして東京に帰ると代々木八幡の青年座劇場に次々に登場する舞台。どれ一つ同じ顔をしていません。こんな日常のくり返しの中にいて普通に「四季を感じる生活」もないもんだ。顔に生傷を一つふやし、肩の大きなベロムケの傷も人の肌らしく回復、晩秋となりました。皆様くれぐれも御自愛下さい。

（２０１６年10月25日）

暮れなずむ日々

そのノートは一九九八年九月二十日から始まっている。今から十八年前、五十七歳の時。

成人病とか生活習慣病のはびこるにはまたとない年齢である。姉二人、男三人、長男の私は親父の糖尿病形質を最も受継いでいると認じていた。巷間にいうところの特徴が出始めており、体重をへらすべくそれなりの努力はしていたつもりだが、生易しくはない。事実六十五kgから七十kgに届くようなところをうろついていた。身長からすれば明らかに重すぎた。しかし仕事、人間関係にとって酒が総て、夜昼おかまいなし飲み、しまいには「酒は死ぬまで、止めたらオシマイ！」などとうそぶいていた。だが一度食餌療法なるものを受けたいと考えていた。当時新宿駅西口にあった朝日生命成人病研究所附属医院は有名で、志望者が多く簡単に入れない。二、三年は待っただろうか、ついに順番が回ってきて一九九八年九月早々二週間の体験入院をした。

一日千三百キロカロリーの食事である。これはこたえましたね。結果六十四kgで退院、わずか四kg減でした。病院から劇団にかよい、昼メシは病院に戻る。尿も採取しますからビン持参、珍妙というか、こんなことがよくも許されたものです。

「あとはご自分でやりなさい」。途方に暮れましたが、考えた末、日々の体重を記録する、定点観測、つまり朝起きひとつ走り、排泄を済ませ計りに乗ることを始めた。九月二十日の体重六五・四kgを記入、ノートのスタートでした。

満七十五歳、後期高齢者となった今五十二kg前後。ノートもルーズリーフ形式にして二冊目、二年もすると三冊目になる。買い置きをしていたのであと十五年は使用出来る。記入方法もいろいろ工夫しながら、六年前娘が余白に侵入、同居するようになり二つの体重が記される。あと十五年といったが、果してその保証、娘はともかく、自分にあるのか、神のみぞ知るだ。

年の暮は、今年一年を振り返るなり、来年の抱負など縷縷申し述べるのが普通ですが、どうも考えれば考える程気持ちがぶれ、拡散し、一向に筆は進まず、いたずらに日が過ぎて行くのです。そうするうち、今年最後の青年座劇場における本公演の幕が開き、気持ちはすっかりそっちの方に。劇団のナンバー公演といって、創造運動の理念にもとづく公演、劇団の総意が込められた作品の上演が二百二十四回になる。ジョン・ロビン・ベイツ作、高橋知伽江訳『砂漠のクリスマス』と題された作品に「創作劇の青年座」、イメージ通り、ピッタリだ、と感じる人が大半で、うん、今度はどんな作品だろうと胸をときめかせて下されば何んの問題もない。もってまわったいいぐさですが、私は国籍不明、いったい何んだろう。よし今回は台本をいっさい読まず、ぶっつけ本番でいこうと勝手に決め込み、舞台稽古に臨みました。

「……いや、まいりました」。ありふれたとはいえませんが、アメリカの一家庭に起ったあることが次々に一家の絆の何たるかを白日のもとにさらしていく。その様子が、手にとるように身内に迫ってくる。もはや翻訳劇という概念をとび越え、彼等が切なく愛しく、我等の身近に起っている出来事と

劇団青年座『砂漠のクリスマス』（2016年12月、撮影・坂本正郁）

してそこに在り、舞台が終ってもすぐには立てないのでした。

二百二十四回は新劇団としては多い、よくぞここまでといってもいいと思います。一九五四年旗上げ公演、椎名麟三『第三の証言』で創り上げられた「時間」は誰れもが拍手喝采とはいかなかったのではないか、と私などは思っているのですが、創立者達は無論こんな物いいはしませんでした。しかし、うんと時代を先取りした舞台であったことは当然です。つまり創作劇が生き、成立し、観客とあいまみえ楽しむ「時間」は一筋縄ではいきません、ましてや外国の話です。ところが、今日もはやこのような垣根は意味を無くしたのです。あれあれ、話が本当にぶれてしまいました。自分の体重をほとんど欠かさずノートに刻みつける男の現実、日常と芝居、いったい何んの関係があるのか。もう一度問いなおさねば。

十二月二十四日大好評のうちに千穐楽となり、

舞台はたちどころにバラされて、明日某集団の忘年パーティに貸し出すための仕込となる。そして一階の稽古場では打上げの宴が始まった。

実はこの一文は二階製作部のデスクで書き進めていた。何もこんな日にやることはないじゃないかと思いつつも、どさくさに紛れている方が集中する性質で、若い時から書斎などというものを持ったことのない身には、しみじみ落着く。『砂漠のクリスマス』のポスターにある豪邸、いったいどんな書斎があるのだろうか……。パソコンが唯一置かれていない机、三十年使っているボロボロの国語辞典をひっきりなし繰り続け飽くことがない。ああ、そうだ、今年いろんな偶然が重なって俳句もどきを始めた。

花はいつ　桜並木に　問うすずめ
誕生日　誰れがいつやら　老いの暮
山茶花や　地に落ちた紅　暮れなずむ

記憶の底から浮んできました。「笑う門には福来たる」。よいお年を。

（２０１６年12月27日）

II

1992 年、八木柊一郎戯曲集出版記念パーティ（左から著者、森塚敏、杉村春子、千田是也、関弘子、東恵美子、鈴木光枝、金井彰久の各氏）

ある土曜の午後

土曜の昼下がり、さすがにかかって来る電話は少ない。代々木八幡の青年座劇場では、月曜日から始まるスタジオ公演、薄井ゆうじ原作・井上亨脚色『樹の上の草魚』の仕込が行なわれていて、若い文芸部の井上亨を中心に役者やスタッフが気ぜわしく動いている様子が伝わって来る。

電話が鳴った。そろそろこちらから連絡をと思っていた『ＭＯＴＨＥＲ』旅先の製作者森から報告が入った。三日目で会津からだ。今や話題一杯、マキノノゾミ氏の期待の新作となった芝居が地方公演に出て、それがどのように受けとめられたかを、あれこれと話し合う。この舞台は、「ＥＸＩＴ×４」と銘打った青年座四拾周年記念公演で作られた。当時は無名の新人の作品としてすがすがしい魅力を発散し、青年座劇場から羽ばたいたのだ。ここまで来るのに三年間かかった。森の言葉には会員と舞台の微妙な肌合いについて興味あるニュアンスが感じられる。今すぐにでもこの目で身体で確かめたい欲求にかられた。新作が誕生した喜び、という我々のなかにある自負が、必ずしも会員と一致するという意味で共有出来るものではないようだ。とにかく自信をもって若々しい創作劇の手ごたえを実力いっぱいに思い切りぶつける旅を続けてこい、と念じつつ受話器を置いた。

マキノ氏の『ＭＯＴＨＥＲ』が青年座の依頼によってすんなりと手に入ったわけではなかった。彼の京都、大阪での活躍に注目していたし、年に一回東京にも遠征して来るようになり、我々に新鮮な感動を与えてくれていた。だからお願いしようとしたのでもなく、文芸部の宮田慶子がそれ以前に京都の演劇人との交流を続けており、京都でマキノ氏と語り合い、氏の才能や芝居創りに大いなる共感を覚えていた。この情報を私達は大切にしていた。

与謝野寛、晶子のことは文学にかかわっている人にとっては、今も巨大な存在として語られているかも知れない。しかし、演劇の素材として、あのような視点から舞台に登場してくると、誰が想像したろうか。しかもあのスピード、テンポ、存在感の確かさは、マキノ氏と宮田のたび重なる交流によって育まれたものである。京都で生活している作家と東京で生活している同世代の演出家の仕事に、この環境の反映は確かである。最近完結した渡辺淳一の小説『君も雛罌粟《コクリコ》われも雛罌粟《コクリコ》』に描かれた寛と晶子と、戯曲がいかに違うか。マキノ氏と宮田と青年座のスタッフ・キャスト達による舞台が私達に迫れば迫るほど、その作品にかかわった多くの人々が様々に蠢めいて自己主張していることがわかる。つまり観客はその生々しい存在をかぎとって劇中の人に反応していく。個と個の関係が熱くなればなるほど作品は大きくふくらんでいくわけだ。

私達は一つの仕事について成功作とか失敗作となかなか言わない。一喜一憂の連続が芝居創りであり、それが観客の前に晒されて勝負する連続の中に在る。

『京都労演その後の十年のあゆみ』に、一九七七年から八六年の例会作品を数行で評してある。筆者は一人なのか複数なのかわからないが、実に多彩な表現なのに驚く。顔がみえるのである。これは表現力の問題ということではない、自己主張をぶつけあい自由に観る気風が根底にただよっていることを意味している。

「舞台にはじけ飛ぶ汗。あふれ返る命の結晶。ブンナ達と一緒に私達も笑った、泣いた。青年座のエネルギーがさく裂する。まばたきするのも惜しい一瞬一瞬。潮のように満ち来る命の讃歌に呑み込まれ、私達は叫んだ『ブラボー!』」(『ブンナよ、木からおりてこい』'81)。「日中親善大学野球大会のダイヤモンドに、若い汗が正にダイヤのきらめきで飛び散った。青年座の大力投、全力疾走、パワー打線に感動フルベースのミュージカル。反面、戦争の傷跡、国、愛、宇宙にまで拡大していく重く多過ぎる未整理なメッセージに消化不良を起こした人も少なくなかった」(『二つのダイヤモンド』'83)。劇団で創りあげた作品が直送されて京都の会員の前に晒された光景がありありと浮かんで来るのである。毎月一本の作品を十二カ月観つづけることはそんなに簡単なことではない。生活の中で相当の努力がなければそのお金と時間を生み出すことは出来ない。これは私達劇団の創造の場も同じではないか。毎度毎度傑作、会心作が生まれるわけがない。劣悪な環境の中で辛苦し一本一本創りあげる。その湯気の立っているような舞台とあい目見《まみ》える瞬間こそお互いのよろこびではないか。ところが今こんなことを言っても問題にされないのではないだろうか。舞台が量とか質といった言葉で語られるようになっているからだ。多くの会員(観客)をつなぎとめておくためには良い作品でなくてはならない。会員を拡大するには楽しい作品が欲しい。年に八本とか六本の作品には当然並びが大切であり、これは並大抵の術ではない。観て確かめる作業は重要なポイントをしめる。すると東京で観た作品で、〝私は大変素晴らしいのだが、会員にはどうも〟といった言葉が飛ぶようになる。つまり質と量の問題である。この傾向は年々増して来ている。ここまでくると堂々巡りに陥る。今はただ演劇の成立現場が風化しないことを切に願う。思わず風化などと書いた。この使い古されベッタリ手垢のついた言葉、それが問題ではないか。ある土曜の午後のつぶやきである。

（井上亨の『樹の上の草魚』は見事に新しい才能の誕生をつげるものであった。そしてこの拙稿が出る頃『ＭＯＴＨＥＲ』は終わっている。結果は如何に。）

（『京都労演』１９９６年６月号）

「ＥＸＩＴ」の彼方

青年座が四拾周年を迎えた時いろいろ考えてはいたが、「何か面白いことをやろう」といったのりで実行委員会を中心に討議した結果、文芸部の石澤秀二、鈴木完一郎以外の若手五人の演出家に自分の好きな作家、やってみたい作品を提出させ、これを連続して上演しようということになって、青年座劇場での連続公演が実現した。マキノノゾミ作・宮田慶子演出『ＭＯＴＨＥＲ』、坂手洋二作・趣光照文演出『火の起源』、砂本量作・高木達演出『レンタルファミリー』、鐘下辰男作・黒岩亮演出『カデット』（ロペ・デ・ベガ作・伊藤大演出『オルメドの騎士』は本多劇場で上演）。四本の新作を次々に開けていき、後半は日替りで上演した。この企画を何んと呼ぶか担当製作者でネーミングを考え、彼等は「ＥＸＩＴ×４」、私は秋の連続公演だから「豊作×４」を提案したが、日本を代表するグラフィック・デザイナーの一人であるわが友佐藤晃一氏と製作者達に一笑に付された。

「ＥＸＩＴ×４」に登場した作家、演出家、役者、製作者達が、青年座はもとより広い分野でどのような活動を続けてきたか、今更書くまでもない。昨日のことのように思うのだがすでに六年の歳月がたってしまった。

その一年後、一九九六年から始まった文化庁のアーツプラン21の芸術創造特別支援事業に、劇団として青年座が採択された五つの中の一つに選ばれた。これは現代演劇界における事件であった。三年間にわたる事業計画を一つ一つ実現していき、一九九九年からの継続を目ざした。しかし結果は不採択であった。音楽部門と較べてこの継続については大きな違いがあり、論議を呼んだ。それでも助成は受けられなかったが、我々は独自に三年計画の一年目を実行していった。そして今年、青年座は二度目の特別支援劇団として復活した。

『悲劇喜劇』十二月号の特集〝名優去りしあと〟に、「劇団は改革できるか」という興味深い瀬崎久見子氏の記事がある。私も取材を受けていろいろ意見を述べた。氏は助成金の減少にふれて最後に、「助成金欲しさに『企画性の高い公演』との大義名分のもと、人気、若手劇作家の作品が乱発されているとしたら、肝心の作品の質の向上に助成金が貢献していないことにはならないか」と書いた。青年座を特定したわけではないが、この切り口には驚いた。

二〇〇〇年の青年座は座付作家西島大作・黒岩亮演出『ＭＡＮＣＨＵＲＩＡ』、坂手洋二作・演出『とかげ』、松田正隆作・宮田慶子演出『天草記』、宮本研作・鈴木完一郎演出『明治の柩』だが、中でも坂手さんと松田さんの新作入手は、時間とのたたかいであった。このお二人は、他の集団や自分の劇団にも書いており、多忙をきわめていることは事実だが、助成金欲しさの大義名分作りだ、と言われてはなさけない。そもそも助成金はあとからついて来たものであり、私達劇団活動は、何んの支援もない歴史の連続の中で長い自助努力のはての今日である。

劇団経営の困難さは今に始まったことではない。普通の会社だったらとっくの昔につぶれている。劇団が今日を生きているのは、ひとえに企画性の高い公演をしゃにむにやり続けて来たからだ。

坂手洋二、マキノノゾミ、鐘下辰男と言った第一線の劇作家とはすでに六年前にあいまみえており、単発で終ることなくその後もねばり強く継続してきた。松田氏においても同様である。いち早く劇団の若手演出家として力をつけてきた宮田慶子等が若い製作者達と組んで、地味な活動を積み重ねてきたからこそ、ぎりぎりのところで『とかげ』が、『天草記』が製作され上演されたのであった。果たしてあの作品が〝乱発〟という種の公演であったろうか。

『MANCHURIA』の紀伊國屋ホールに、八十歳を過ぎて杖にたより地方からたどりついた人や、川島芳子に会ったことがあるといった観客がたくさん集まった。つい先日終った宮本研『明治の柩』は三十六歳の時に書かれた作品で、青年座では二十七年ぶりの上演であった。連日満員の客席は男性観客が圧倒した。明らかにかつて劇場にかよっていた人々が中年から初老になって久しぶりに劇場にきて、若い観客にまじって四時間になろうとする舞台を、重々しい静けさをもって食い入るように見詰めていた。あの客席をどう表現していいのか言葉をしらない。自分の欲する芝居をじっと待っている観客が数多く存在しているのだ。

二〇〇一年はマキノノゾミさんの新作『赤シャツ』で幕を開ける。会心の作はすでに青年座の手中にあり、五月宮田慶子演出で、そして夏は鐘下辰男さんの新作を黒岩亮が演出、二月に脱稿する。青年座劇場の八月は鷺沢萠氏の『君はこの国を好きか』を青年座の新星藤井清美が脚本化、伊藤大が演出する。青年座にとっては夏にこだわる路線を引きつぐ意味を持つ日本劇団協議会主催のユースフェスティバルに、木下順二氏の『審判』を鈴木完一郎演出で参加する。最後に十一月、土田英生氏の青年座初登場を宮田慶子が演出する。ここにかかわるスタッフ、キャストの大半は我々の研究所から巣立って行った人である。二十代から五十代にまでその年齢の層は広がっている。ここにいたる劇団の努力を当然のことのようにみるかどうかはともかく、青年座が今後を生きる、その行方は、彼等の手の中にあるようだ。かくして、今年の四本の本公演に集まったそれぞれの観客、つまり舞台と観客の絆をいかに固め、ひろめていくことが出来るかが劇団の最大の課題であり、この追究に一丸となっていかなければならない。

（『テアトロ』２００１年２月号）

あこがれほろほろ

一九六七年六月六日午後一時、県立三国高等学校の体育館が劇場になった。一幕物二本立の公演。とりわけ椎名麟三の『天国への遠征』は、若い男、若い女、中年の女がそれぞれ不条理な死をとげ天国に旅立ち、そこで永遠に死ぬことのない老人に出会う奇想天外な喜劇で、爆笑また爆笑、生徒は当然として先生も笑いころげるといった具合となり、その熱気の中にいた私は舞台の成功を確信し、安堵の胸をなでおろした。しかし自分でも意外な程冷静であった。その時私は二十五歳。三国高校を卒業して七年後、演劇製作者という仕事に就き、劇団青年座の一員となって母校を訪問したのだった。

今は演劇製作者という職業は認められ、大学新卒の製作者はゴロゴロしており人気さえあるが、当時は非常にめずらしく、むしろなり手がなかった、と言ったほうがよかった。理由はいろいろあったが、一言でいってしまえば食えない、ということだ。新劇の役者になるなどと言えば、まず勘当覚悟という時代をまだ引きずっていたころで、かぎられたごく狭い世界であった。そして当時の世相、芸能関係で言えば圧倒的に映画の時代であり、それが一九五三年、テレビの本放送が開始されあっという間に娯楽の王座が逆転する。そのまさにど真中にあたる頃、私は三国高校を卒業し、東京の日本大学芸術学部映画学科に入学した。

映画華やかなりし頃、あこがれをもって上京した光景を昨日のことのように思い出す。一九六〇年であった。入学はしたものの卒業までの時間は、映画産業が音をたてて崩れ去る時間でもあった。皮肉なものだが、少年の目には時代をみる先見性も何もあったものではない、ただあこがれが総てに優先した。

その頃は芦原町に住んでおり、高校三年間の三国がよいだった。それは私の年齢の二十分の一にすぎないが、この時間はすかーんと晴れた、透明で、しかも重く、大きなカンバスに厚く厚く塗りたくった三国の夏の空のようであった。そして、その紺青を抉りとりカプセルに封じ込めた虚空を今も身に着け生きているのである。思えば、私たちの年代は餓鬼として戦争を体験し、経済立国、文化立国の戦後を生きてようやく国民生活が向上し所得倍増計画が決定され、実質経済成長が十何%という時に高校、大学の学齢となり、そのおかげで進学できた。二人の姉は当然のように中卒集団就職だったことを考えると今も申しわけない気持になる。

あこがれを追いつづけた私は職人の父の期待を裏切り、家も継がず、父も母も演劇製作者という仕事を理解することなく死んでいった。そして三十六年、そうなるまいと自戒していたつもりであったが、私は演劇界にどっぷりとつかっている。私たちが立っている演劇最前線とも言える文化立国日本、二〇〇一年の文化庁予算は九百九億円に達した。戦後の二大政策の一方の現実である。前年度に百億を一気に上乗せしたことは異例であり、文化政策が重要な位置をしめて来たことが明らかであろう。

演劇が青少年の教育に有効であると言い出す今日この頃、食うため、生きるためしゃにむに経済発展を追求して来た国家が今になって文化を叫び始めた、と言われても致仕方ない現実だが、今ここで文化予算の多寡を云々するのは場違いなので、ここまでにして、ともかく、私はあの『天国への遠征』のあとも猪突猛進、芝居屋稼業を続けていき、一九七二年福井県出身の作家水上勉氏の『蛙よ、木からおりてこい』という作品に出会った。

青少年のために書き下ろされた新作は鮮烈であった。この出会いを作って下さったのは芦原出身、三国高校の大先輩藤野邦康氏であった。新潮社編集者時代を経て小説家として御活躍の氏は、私の「あこがれ」に火をつけたことになる。

蛙が椎の木のテッペンに登る奇抜な発想を持つ小説は、当時、演劇の形象化を簡単に許すものではなかった。舞台化までに六年の月日が経ち、一九七八年四月二十八、二十九日青年座劇場に、『ブンナよ、木からおりてこい』となって産声をあげた。私はこの日を忘れたことがない。何故なら原作大賛成、戯曲大反対という荒波を乗り越えての初演であったからだ。

困難な舞台化を実らせたのは若い作家、演出家、役者といった未知の可能性を持った人達であり、それを見守って下さった水上勉氏と青年座の先輩である。そして芝居を成立させてくれた観客の存在だ。

五月十三日、金津中学での公演がやがて全国に展開することになったブンナの第一歩で、五日後の十八日に三国中学で上演している。『天国への遠征』から十一年、私は三十歳を過ぎていた。劇団のほとんどの人間が想像もしなかった舞台の成功は、福井県坂井郡下の中学生たちによって圧倒的な支持を得て評価が定まったものである。そして、自分が売り込みに学校行脚を続けるのみでなく、電話で注文が来るようになる。これは夢のようなことであった。

一九八三年の日本中国文化交流第三次訪中公演に、有吉佐和子『華岡青洲の妻』とともに、ブンナは北京、南京、上海にわたった。それから十九年、昨年千百五十回以上を重ねた舞台は、ニューヨーク、ソウルに飛んだ。私は五十九歳になっていた。あれ程若さを誇り、好奇心と精力を誇った自分が、若い子どものような年代の座員に連れられていく、といった風景が実現したのであった。

ブンナ初演の頃、今立町のそば屋で写真家の弟が撮った一枚の写真を大切にしている。そこには三十なかばになった私と五十代後半の水上先生が写っている。今はあの時の先生の年齢を越えてしまった。長野県北御牧の仕事場にお住まいの先生は、持病との戦いの中ではあるが、御健在で昨年はたびたび会いにいった。「生きるって素晴らしいことなんだよ」と生命を讃歌する『ブンナよ、木からおりてこい』の作家が、八十歳を過ぎても文学につき進む孤高の姿に接して、いつもふるえるほどに身のひきしまる思いに襲われたのであった。

あらためて思うに、私が演劇の世界に入り込んでいった過程は、ある意味では、ほんのちょっとした偶然にすぎないところがあって、「あこがれ」といったあいまいな感性が終始糸を引いていたのではないかと思う。この先どれほど生きるかしらないが自分の人生はけだしこんなものかも知れない。昭和十六年東京に生まれ、父の郷里奥能登に疎開し、転々としたあげくに芦原町に居着いて、わずか三年間の高校生活を三国にかよった。それも陸上部に明けくれて。

そして二〇〇一年、還暦となり数えてみると四十六年は東京住い、というわけである。芝居を持って日本中を走りまわり、外国にも行く私の生活は一生、定住という観念のないままにほろほろと〈天国への遠征〉に向うのではないだろうか。

（『東京三国会50周年誌』２００1年10月18日）

曼珠紗華の咲く頃に

二〇〇四年九月八日午前七時十六分、長野県東御市、北御牧、勘六山の仕事場で先生は逝った。八十五歳。翌九日早朝かけつけた私は、穏やかで美しいとしか言いようのない先生に対面した。『金閣炎上』の舞台に金閣寺を作った信濃の大工にして仏師依田さんが柩を前に、がっしりとした肩を震わせ、大きな握りこぶしに力を込め泣き続けていた。私はその横で声もなく座るのみであった。

八月六日。九月十七、十九日、福井市と大飯町で上演される『有馬稲子が語る水上勉の世界　語りと五つの楽器のための詩劇はなれ瞽女おりん』の進行状況報告と暑中御見舞を兼ねて伺った時、先生のお顔の色艶も良く、完成したチラシを握りしめ、食い入るように見つめて離さなかった。昼食を御一緒して、旺盛な食欲ぶりにほっとして帰ってきた。一カ月と二日後に訃報に接するとは……。九月九日、密葬が執り行なわれ、午後一時先生の書斎より出棺、山の下の車まで棺を担ぎ、二時に上田市の大星斎場において荼毘に付された。

一九六六年の春、朝日生命ホールで文学座によって上演された『山襞』を観て、郷土の偉大な作家の作品を、俺はいつかきっと青年座で上演してやると心に決めた。製作部員となって日の浅い若者に何のあてもなかったのに。そして六年の後に出会いが巡ってきた。新潮社の編集者藤野邦康氏につれられて成城の家を訪れ、『蛙よ、木からおりてこい』の上演許可をいただいた。極度の緊張を憶えている。総てをまかすと言われたが上演までに六年かかり、一九七八年四月二十八日、ようやく『ブンナよ、木からおりてこい』となって誕生した。今は休眠中ではあるが、千二百五十ステージを数える作品となった。先生には他に『地の乳房』をいただき、本数的には三本だが劇団と先生のつながりは長く、深く、座員の多くと言葉を交わし、酒食をともにする芝居談義はにぎやかなもので、時に破顔一笑する先生のお姿は、座を圧する程に魅力的だった。

『ブンナよ、木からおりてこい』北京、南京、上海の旅。阪神・淡路大震災で中断していた神戸労演例会再開時、多忙な先生に講演をお願いしたこと。千回突破の公演現場に駆けつけていただいたこと。思い出は数珠つなぎ、止まることがない。

九月九日リンゴが色づき、コスモスの咲く大星斎場の光景、九月十九日曼珠紗華の咲き乱れる大飯町、一滴文庫、佐分利川べりの風景が目に焼きつき、先生の死が信じられない自分が居るのである。

（『青年座通信』2004年10月）

無冠の人——追悼 森塚敏

新劇団の俳優・森塚敏を意識して観た最初の芝居が、一九六四年十一月、青年座創立十周年記念公演№2、新藤兼人作『しとやかな獣』だった。そもそも新劇なるものを観たのは、その年四月、劇団研究生になった男に売りつけられた券で朝日生命ホール、青年座十周年記念第一弾、矢代静一作『象と簪《かんざし》』であった。つまらない、くだらないと文句を言った。大の大人がチョンマゲをつけて舞台とやらを行ったり来たりしている姿は見るに耐えない光景であった。ところが、十一月に私は紀伊國屋ホール、ホワイエを座員のような顔をして歩いていた。

製作経営部の見習いであった。そして翌年めでたく座員になったはずだけれど、森塚敏さんと言葉らしい言葉を交わした記憶はまったくない。ただ「おはようございます」の挨拶を「うっ、うっ」と返される。一種独特の風貌と存在の在り方に「役者だなー」と、いつも嬉しくなり、座の一員として認められたような、いい気分になったものだ。

私が製作者としてスタッフに名を連ねる最初の作品、椎名麟三作『天国への遠征』を高等学校で上演することになり、そのスケジュール作りに出身地の福井、そして石川、富山の高校を訪ね歩き、なんとか格好をつけて旅に出て行く。一九六七年六月であった。

森塚敏さんは『天国への遠征』の天国で永遠に生きつづけ、下界からやってくる人間がしょっている「石」を返してもらおうとする「老人」を演じた。大幹部みずからが小旅と称していた学校公演に参加し、同じく主力俳優の今井和子さんとの芝居は絶妙。想像もできない面白さをつくり出し各学校で爆笑、また爆笑の連続であった。一時間ぐらいの芝居が講堂にあふれる高校生を魅了してしまう。芝居、役者と観客。舞台芸術の真の姿を、私は森塚敏さんの言葉ではなく肉体（演技）をもって教えられた。そして、旅の乗り日の空き時間、公民館の体育館で三角ベースをして遊んだ。百七十センチ以上の長身、ももをしっかり上げた全力疾走の敏さんは、これ以上ないという解放ぶりであった。二十代の私と四十代の彼との間に何一つ距離がない。

私にとって森塚敏さんは、この時以来、多くの言葉を労することなくコミュニケーションが計れるようになった。が、役者と製作者の関係はそんなに単純なものではない。といって原理、原則をふりまわすというものでもない。触れあう一点をいつも感じ合える、そんなやわらかな精神を持ち続ける。森塚敏さんはそういう人であった。

七月七日、青年座葬に配った森塚敏、略年譜の出演作品リストを数え出し、途中でやめた。創立者であれば当たり前とはいえ、それにしても、すごい板数である。その間劇団は紀伊國屋演劇賞団体賞三度をはじめ数々の賞を受け、個人賞も多くの劇団員が手にしている。私は敏さんに何か賞の一つを、と思った。しかし彼は「うっふっふ」と、とりあわなかった。演劇個人賞に無縁、無冠の役者は、森塚敏さんの生きたかたちそのものであった、と思う。

（『join』２００６年9月／日本劇団協議会）

十月一日

十月一日午前九時三十二分。スターターのピストルが轟く。福井銀行本店前、市電停留所付近のスタート地点をとび出した。

今年六十五歳になった私は、長年一人で走り続けてきた。勝手気儘に。日本はもとより外国に出た時も必ず走ってきた。自分のこだわる新陳代謝の実践である。

ある日役所から介護保険の掛金納入の案内がきた。誕生日過ぎに厚生年金、芸能人年金の受給が始まった。「そう老人扱いするなよ」の思いが募る。それにしても時の過ぎ行く早さよ。

六月に青年座創立者森塚敏を亡くしはや四カ月、余人をもって代えがたい「座長」の死は、あってはならないことである、と思い定めていた。この願望にすがる思いは理解していただきたいが、しかしそれは甘いことだともわかっていた。

六月十九日午後三時十四分、森塚敏の大往生を病院関係者以外、彼の姉、一人娘と私の三人で看取った。日頃彼を尊敬し慕う多くの人達に見守られて、というのが普通であろう。しかし彼はそれを望まなかった。

六月は今年最初の本公演が控えていた。青年座に初登場の新進赤堀雅秋氏書き下ろし『蛇』を、本公演初演出になる若手磯村純によって森塚死後、四日に初日を開けた。この青年座劇場の本公演は、劇団が長い年月をかけて作り上げてきた公演に関する座内の取り決め「上演要項」を棚上げして、独自のルールを決めての上演であった。一銭たりとも赤字を出さずに小劇場で本公演を打つのは並大抵ではない。そして森塚が観なかった本公演の最初で最後であった。

一九五四年、この時代に生きる演劇人によって、同時代に生きる観客とともに、創作劇にこだわった演劇活動をと、創立された青年座の理念は絶えることなく五十二年に。その体現者の頂点であり、カリスマ性も備えた存在を失った時に、最も今日的な劇団事情を背負い、孤軍奮闘した公演は、逝ったばかり、娑婆の匂いふんぷん、湯気がたっている森塚の冥界から観た最初の舞台となった。

『蛇』は七月二日千秋楽を終え、七月七日、森塚敏青年座葬を執り行なった。青年座劇場は生者、死者が入り交じって「お祭り大好き劇団」の極め付き、座員を含め千人近い人達が集まって演じたのであった。この間の仕切りは、『蛇』を創り上演をやりとげた者達と同様、青年座の第三世代から第四世代が中心となった。両方の「舞台」には一言でいいつくせぬドラマが煮え滾っていた。

『蛇』の舞台評価は、今になっても根深いところでその感動を語ってくれる人が一人や二人ではないことを知る。そしてようやく秋めいてきた十月八日、東京演劇アンサンブルの劇団葬で創立者広渡常敏さんの生涯を目のあたりにする。森塚と一つ違い、死の間際まで現場に立ち、その存在感は、信じがたいことも同じであったろう。拠点ブレヒトの芝居小屋の中心に真紅のバラ、その上、三方を見渡すように浮かぶ広渡さんの遺影が、座員と我々に語りかける無言の言葉は、「演劇は我にあり」である。舞台で歌われた「銀河鉄道の歌」（林光作曲）を座員が歌うなか、天上からバラの花びらが降る。それは精力のかぎり走り続け、最後の一滴まで舞台創りでしぼった血潮にも感じられた。

何も知らなかった若者が遮二無二演劇の世界に飛び込み、森塚と広渡さんに名前を覚えてもらった二十四、五歳頃の我が青春の日の光景を二度も思い出すことになった、二〇〇六年。ともあれ今年が坂道をころげ落ちるような、老いの門口であるかも知れない。であるなら、どっこいそうはさせじの意気をみせなければならない。そして高校陸上部、駅伝に出場して以来の公式レースに出ることを決意した。

「群れて走る」のはごめんだ。と一人「長距離ランナーの孤独」を気取り、楽しんできた主義を曲げ、故郷、青春の福井、「第二九回福井マラソン（ハーフ）」にエントリーした。

実はもう一つ理由があった。十月一日は森塚敏八十歳の誕生日であった。この年齢には大いにこだわっており、座員もその日を楽しみにしていた。毎月一回の劇団総会は月の始め、一日《ついたち》であり、巨大なケーキで祝おうと思っていた。これはかなわぬ夢となってしまった。私はひとり森塚敏追悼の心を胸に、一㎞五分のペースを刻んで、稲穂がゆれ、真白に咲くソバの花、コスモスの花がつらなる越前の田園をひた走った。

ゴールはきっちり一時間四十五分。ハーフ五十歳以上の部二百十七人中七十四位。総合七百四十九人中二百七十六位。早いのか遅いのか知らない。ただ初マラソンで刻んだタイムは自己記録の樹立であり、今後の目標となることだろう。

記念すべき初ゴール地点にいつしか秋雨が、ほてった体の全身にふりそそいでいた。


（『テアトロ』２００６年12月号）

二十六年の時を経て「ブンナ」中国に行く

一九八一年四月、私は日本中国文化交流協会主催の第三次訪中新劇団の一員として、初めて中国の地を踏んだ。深い土色の大地に近づいて行く機中より、食い入るように目を見開き北京の総てを焼きつけようとしていた。文革が終わって四年しかたっていない中国に、有吉佐和子作『華岡青洲の妻』と、水上勉作・小松幹生脚本『ブンナよ、木からおりてこい』を持って、五十一人の団であった。

それから二十六年経った二〇〇七年九月。第三次の団長千田是也、団長代理杉村春子、副団長小沢栄太郎、森塚敏。有吉佐和子、水上勉両作家、出演者の高橋悦史、太地喜和子といった方々十数名が鬼籍に入られ、歳月の長さを今更のように感じる。

日本の劇団が訪中する文化交流は今では珍しいことではない。しかし、日本中国文化交流協会は、日中国交回復以前から第一次、第二次と演劇交流を続けていた。民間の団体が果たしてきた意義は大きい。私にとって第三次の思い出は強烈なものであった。とりわけ青年座単独の『ブンナよ、木からおりてこい』は、ほとんどが椎の木のテッペンで展開される。人間に見捨てられたような小動物の生態、そこに繰り広げられる生命のすごさ、生きるための闘争を大胆きわまる形象、演技で表現した。小松幹生氏の脚本の妙と篠崎光正氏の演出は、中国の演劇人に大変な衝撃を与えたのであった。青年座はその後、水上勉氏の脚本により、宮田慶子、鈴木完一郎、そしてこのたびの黒岩亮と三人の演出家によって、初演以来ほぼ三十年にわたって上演を続け、アメリカ、ロシア、韓国にも行き、千三百回近い公演を重ねてきたことになる。途中何年かのブランクがあるが、これを冬眠と言ってきた。その都度立ち上げるについては、演出家のプランが、その時代と密接に繋がったところで発想され、舞台形象においてもそれぞれのプランナーを結集して、きわめて個性豊かな舞台を創ってきた。これは水上文学の奥の深さへの挑戦であり、小説は青少年に向けられたところから書きおこされているにもかかわらず、作家の目線は高い所にはなく、青少年と等身大にある。

昨年十月、本多劇場で六年振りに立ちあげた今回の作品を、日本中国文化交流協会が招いた中国演劇家代表団の一行が観て下さり、大変大きな反響を得た。シンプルな主題を小動物の世界で描いているので、人間世界と一歩距離を置いて観ることが出来る。それだけに観客の身にせまるのである。

私はかつての一九八一年の北京、南京、上海公演で、当時の演劇学校の学生や、演出家といった演劇人達がどんなに〝衝撃を受けた〟か、その光景を思い出した。折りから今年は日本中国国交正常化三五周年、日本中国文化・スポーツ交流年に当り、両国で様々な行事が組まれており、我々もブンナを持って参加したいと思ったのである。

日本中国文化交流協会の辻井喬会長をはじめ事務局が一丸となって取り組んで下さり、文化庁が二国間文化交流の後押しをして下さることになって、わずか一年にもならない九月二十一日から十月一日、中国文化省のお招きで訪中公演が実現した。

北京の前に南通市で上演した。上海からバスで約四時間、揚子江をフェリーで渡る。来年には長大な橋が開通すると二時間ぐらいと言われ、日本の企業も多く進出している活気あふれる都市。そこで毎年行なわれるアジア芸術祭に参加した。驚いたことに一九八一年のブンナを上海で観た人が現れ、感激した。

観客は二回とも満員で、日本語を勉強している若い学生も多く、南通に外国の演劇は初めてだということであったが、舞台の反応は驚く程で、芝居を楽しんでくれたようだった。そして北京。国慶節が真近に迫り、来年のオリンピックをひかえた街の雰囲気は、何んと表現していいか……。

さすが北京である。一九八一年に観た人が多く、終演後彼等と座談会を持って意見交換をすることが出来た。

帰国してまだいくらも経っていないにもかかわらず、北京に住む著名な日本文学研究者・翻訳家で、日中文化交流に多大な貢献をされる唐月梅先生が観劇記を寄せて下さった。そこには「申し分のない演劇芸術の公演で、なおかつ、日中文化交流における重みのある、非常に成功したパフォーマンスであり、中日両国国民の相互理解、相互信頼の橋渡しの工程の中で、重要な貢献をしたといえるであろう」とあった。私はその文章に感銘を受けた。是非日本の演劇人にも読んでいただきたいと思い、今回リポートさせてもらった。

（『テアトロ』２００７年12月号）

「ブンナワールド」の夢

いつか世界各地のブンナを一堂に集めて
ブンナワールドを実現することが私の夢です

年が明けて一月六日、成田から北京に発った。昨年私にしては珍しく二度も訪中し、それに引き続いての短期間に三度目となり、すっかり中国づいたといった感がある。

日本演劇協会の津上忠氏と元日本大学芸術学部演劇学科主任松原剛氏が中心となって、数年前から進められていた「中国・日本演劇交流50年展in北京」がついに実現し、私は実行委員の一人として、また記念シンポジウムのパネラーとして参加した。この企画の経緯については私の語るところではない。しかし、ここに到るには大変な時間と努力と熱意があったこと、とりわけ松原剛氏の執念と言うにふさわしい奮闘の結果であったことを記しておきたい。

一月七日、八日に行なわれた交流展を記念した研討会には「回顧と展望」のタイトルがつけられていた。日中の演劇交流史については詳らかではないが、一九六〇年、一九六五年のいわゆる一次、二次の訪中公演については、先輩方から何度も聞かされており、彼等の強烈な体験談をいつもうらやましく聞いていた。事実このシンポジウムでも第一次に参加した、二十三、四歳頃の神山寛氏、田村悳氏の回顧談は、鮮度いっぱい光り輝いており、失礼ながら八十歳に近い彼等の年齢を思うと、その体にしみこんでいるエピソードは忘れがたい青春そのものであり、得がたいものである。

一月八日朝九時半から最初にしゃべることになっていた私は、ある程度考えていた内容に何かつけ加えたいという思いにとらわれていた。私が中国の地を踏んだいきさつは以下の通りである。

一九八一年訪中初公演

一九七八年、水上勉原作になる小説『蛙よ、木からおりてこい』が、小松幹生脚本、篠崎光正演出によって『ブンナよ、木からおりてこい』に舞台化され、青年座の学校公演として全国に展開していった。この作品が一九八一年、日中文交による第三次訪中公演のレパートリーに、当時の若い演劇人による作品をとの要望によって選ばれ、日本を代表する作品、有吉佐和子氏の『華岡青洲の妻』に添えられて、青年座単独で参加することになった。何にしろ片や杉村春子、小沢栄太郎、高橋悦史、太地喜和子、森塚敏、伊藤巴子といった劇団をしょった俳優の合同公演に対してであるから、無言のプレッシャーは相当なものであった。しかし、皆、若かった。

私もあと数年で七十歳である。研討会の場にはちょっとした緊張感が走る。そんな私の脳裏にある想いがかけめぐり、口をついて出た言葉はこうだった。

「劇団の歴史は、その時代の政治、社会、生活と共にあること以外、何ものでもありません。私の演劇製作者としての仕事の中で、水上勉先生の『ブンナよ、木からおりてこい』との出会い、一九七八年の舞台化、初演、そして一九八一年の第三次訪中公演は、こうした私の日常生活の中にあったことです。昨年二十六年振りにこのブンナと共に訪中出来たことは劇団活動の上で大きなメモリアルであったと思います。そういう感慨を申し上げて青年座とブンナのことを少し申し上げます。」

いささか青っぽい。よくこんな言葉が出たものだ。神山さん、田村さんの思い出に刺激されたに違いない。

展示もシンポジウムも北京・中央戯劇学院で行なわれた。過去二度訪れたことがあるが、この地は北京の古い昔の街の姿が残された所で、かの有名な王府井の変りようを見ている者にとっては、うれしくなる。そうは言っても、刻々と移る時間の中で今まで目にしたこともないブティックのようなもの、深夜まで開いているバーがあり、朝六時から始めるジョギング中に、まだ店の看板の光りがともっており客らしき者が居るのには驚いた。しかし真暗な中を街燈の明りをたよりに自転車にひかれたリヤカーに満載した荷を運ぶ男性、早朝の食堂で朝飯を食べているカップル、トロリーバスの客がふえはじめるといった街が動き出す様はパワフルで見あきることがない。

さて、北京から帰って劇団の日常に埋没する前に、この一文の先をもう少し進めよう。

第四次ブンナと二十六年ぶりの訪中公演

『ブンナよ、木からおりてこい』を持って昨年九月に二十六年ぶりの訪中公演を行なったが、その経緯の一部始終に、第三次訪中の時に得た語っても語りつくせない私の体験の一つ一つが生きて蠢いていたのである。千田是也、杉村春子、小沢栄太郎、森塚敏の団長団は皆この世を去り、五十一名の団員のうち二十名近くが逝ってしまった。そんな想い出はともかく、青年座に篠崎光正、宮田慶子、鈴木完一郎の演出によって上演を続けてきて、いつもブンナが日本の今の生活の中に根づいていることを識っていた。そして同時に、現代中国の人々にこの芝居がどのように伝わるのか、観てみたいとしきりに思うようになっていた。

二〇〇六年十月、気鋭の黒岩亮演出による青年座第四次ブンナが下北沢の本多劇場で上演された。ちょうど日中文化交流協会の招きで来日していた中国演劇家代表団の一行が観劇に訪れ、そのあとの懇談の席で、皆さんが大変強い印象を持ち、こもごもに語る感想は私の予想以上だった。時期的にみても文化庁の二国間交流の助成公演に申請するにはぎりぎりのタイミングであった。劇団の合意をとってその行動に移るにしても、日中文交の意思決定にしても、なかなかこうはいかないというきわどさで実現にこぎつけた。この間の内情はとても書ききれるものではないが、何か特別なものがあと押しをしてくれていたとしか思えなかった。本多劇場から一年も過《た》たないうちに待望の訪中公演にこぎつけたのである。私は北京で作られたパンフレットに一文を寄せ、ちょっとしたブンナ小史のようなことを書き記した。

「水上勉先生が生み出した小説『蛙よ、木からおりてこい』は、発表後六年を経た一九七八年、劇団青年座によって劇化され『ブンナよ、木からおりてこい』となって、日本全国を旅することになりました。そして一九八一年四月、日中文化交流協会主催、第三次訪中公演に選ばれての北京、南京、上海公演実現は当時、日本演劇界の大方の人が予想もしない出来事でした。

青年座の若者たちが、中国の観客の皆様の前で繰り広げた演技は新鮮な感動をもって受け止められ、その光景を食い入るようにみつめていた水上勉先生のお姿は忘れることが出来ません。あれから二十六年、日中国交正常化三十五周年、日中文化・スポーツ交流年の記念すべき年、日中文化交流協会と中国対外演出公司のお計らいにより、中国文化部が主催するアジア芸術祭が行なわれている南通と、北京で上演されることになりました。

初演以来三十年近くにわたって続けられてきた『ブンナよ、木からおりてこい』上演活動は生命の賛歌、小さく弱い生き物たちが手をたずさえて生きることの大切さを語っています。このシンプルな劇的魅力は、その時代、時代の流れの中にますます発揮され、観客の支持を得てきました。その間、私たちはロシア、アメリカ、韓国公演を経験してまいりました。優れた演劇が持つ力は、国境を越えたものであると思います。その事実を教えられたのは、一九八一年に行なわれた訪中公演でありました。あの時観て下さった多くの人々は、今も中国の各地各界で母となり父となって活躍されていることでしょう。二十六年という年月は、あのあと生まれた彼等の子どもたちが、大人になって自分たちの子どもを持つ、そのような時間です。

『ブンナよ、木からおりてこい』がそうした人達との出会いの場になればこれ程嬉しいことはありません。二〇〇四年の九月八日に他界された水上勉先生は、日中文化交流に多大な功績を残されました。先生はこのたびの訪中公演を心からお喜びのことと思います。」

表向きには使っていませんが、私は今回の公演を第四次訪中公演と位置付けていた。実際、主催団体は日中文化交流協会だった。会長辻井喬氏は同様のパンフレットにとても素晴らしい餞《はなむけ》の言葉を下さった。

「青年座は、今日のわが国の新しい演劇活動を担っている中核的な存在であることは言うまでもありません。その劇団がこれから社会へ出ていこうとしている人々に向かって語りかけるという内容の劇を上演することの意味は大きいものがあります。それはこの芝居が意味する未来は、観客一人一人のものであると共に、日本と中国の友好の未来を暗示しているように思えるからです。」

そしてさらに、猛烈な勢いで成長する現代中国経済に附随して変りつつある日本との関係に思いをよせて、次のように述べられた。

「経済の面においては、わが国と中国は切っても切れない関係が出来ているということです。わが国もいま経験していることですが、経済の発展はその国の社会全体に大きな影響を与えます。その際、若者たちがどれほど近未来についてしっかりした考えを持っているか、社会的変化を、ただ与えられるものとして受取るのではなく、自分たちが主体的に参加して作っていくものだという姿勢で向き合っているかどうかが、その国の今後の在り方を大きく左右するに違いありません。」

辻井氏は、青年座の『ブンナよ、木からおりてこい』が日中を往復することは大変意義深いことで、その成功が中国と日本の友好を大いに促進し、両国の未来のなかで数多くの実りをもたらすと言われたのだ。私は辻井氏の文章に深く感ずるところがあり、襟を正す思いだった。

近年は日中の演劇交流もそれなりに盛んで、行きたいという意志があれば何んとかなる。これは時代の流れであるから結構なことと言える。しかし、演劇による二国間の文化交流にこれだけ大きな期待をかけられ、激励されることは身にあまる光栄であった。

南通と北京海淀劇院で

最初の公演地は南通市。上海からバスで四時間、途中長江をフェリーで渡る移動である。外国の演劇は初めてだという若い観客が、見事に劇場に変身した映画館にかけつけた。日本の繊維を中心にした中小企業が進出して発展しつづける都市らしく、日本語を勉強している学生が多く、彼女達に盛んに話しかけられ、開演前から打ちとけた雰囲気があふれていた。芝居の反応は想像以上で、笑いとともに拍手がしばしば起こった。これは日中の若い才能が作った字幕の効果が大であったことをも意味する。

北京は北京大学を始めとし学園地域で新しい街がどんどん成長している様子が伝わり、劇場の北京海淀劇院は華やいでみえた。若い学生とともに陳昊鯨氏（対外友好協会会長）、王效賢氏（同前副会長）、許金平氏（中日友好協会秘書長）、劉徳有氏（対外文化交流協会常務副会長）、鉄凝氏（中国作家協会主席）、金炳華氏（同常務副主席）、鄧友梅氏（同名誉副主席）といった各界で重きをなす人、そして一九八一年に第一次ブンナを観て下さった人がたくさんみえ、二十六年後の「ブンナ」を共に鑑賞する、思うだけでゾクゾクする興奮の舞台で、隣同士の席についた劉徳有氏の息遣いが聞こえるような濃密な劇空間がそこにあった。

二日目には八十七歳になられる中国を代表する演劇評論家の劉厚生氏（中国演劇家協会顧問）がみえ、公演終了後、初演を観て下さった方々と座談会が持たれた。あの時二十代前半の演劇学生であった方たちが、大きな影響を受けて演劇界に身を置いて今日に到る、その事実をふまえての交流は、何と言っていいか。司会進行を務めて下さった劉厚生氏は一九八〇年の来日時にも日本の中学生達と一緒に観ており、三つの「ブンナ」体験があった。私は、このように地を這うようにして行なわれた二国間の演劇交流が実現したことに、大いなる喜びを実感したのだった。

二〇〇八年新年早々に行なわれた北京のシンポジウムで発言した若き学者、北京外国語大学副教授・文学博士郭連友氏が、「ブンナはとても素晴らしかったです。感動しました」と力強く語る見事な日本語を聞いて、若い優秀な彼らの中に『ブンナよ、木からおりてこい』の火は燃え、明日に拡がっていくに違いない、と思った。「いつか世界各地のブンナを一堂に集めて、「ブンナワールド」を実現することが私の夢です」。シンポジウムで語った私の最後の言葉である。

（『幕』2008年2月21日／日中演劇交流 話劇人社）

私の「三好十郎」

私は一九四一年、今、新国立劇場が建っている渋谷区本町辺りで生まれ、四歳のときに父の郷里の奥能登住吉村に疎開した。父は小笠原父島で敗戦を迎え、復員して本業の左官職人に戻り、現場を点々として、一家が一つ屋根の下に暮らすようになったのは福井県の芦原という温泉町、一九五〇年の夏だった。その二年前に起こった福井地震で一階がつぶれ、残った二階部分の一部屋であった。私はこの町で小、中、高校時代を過ごし、一九六〇年、あこがれの生まれ故郷東京に出てきた。

練馬区江古田にある日本大学の芸術学部映画学科入学、ただひたすら映画を見まくる毎日であった。そんな男が、ひょんなきっかけから新しい劇団の製作部に入ることになる。

劇団青年座は一九五四年、創作劇のみを上演することをかかげて劇団俳優座から独立し、創立された。旗揚げ公演は当時第一次戦後派作家として著名な椎名麟三の書き下ろし『第三の証言』であった。私が入団した一九六〇年代には矢代静一、八木柊一郎、西島大、田中千禾夫、安部公房といった作家が作品を書いていた。よく言われていた俳優座スタジオ劇団、衛星劇団という響きには、私などは若いくせにあまりいい印象は持っていなかった。芝居の「し」の字も知らないくせにである。創立十周年が過ぎたころ、青年座も大きく変化しようとしていた時期にあたる。それは私のような何の経験もない男を製作者にたたき上げる、というエネルギーがあったということだ。

思えば「三好十郎」は、その時すでにこの世の人ではなかった。氏が逝去された年、私は田舎町の高校一年生であった。何かの縁があったのだろう。とにかく私は青年座に入り、演劇界に身を置くことになった。劇団の製作部というところは誠に人使いの荒っぽい所で、今言うところのプライベートな時間などまるでない、とにかく一日中芝居にかかわる毎日であった。他劇団の芝居もよく観た。そんなときは夜の交流会であった。

新宿のゴールデン街という飲み屋の集中している所は、今日も新宿の観光スポットというか、一種独得の雰囲気のある盛り場である。文学者や演劇人、映画屋といった人達が入りびたる飲み屋が至る所にある。見ず知らずの者が行ってもほとんど相手にされない有名店に出入りすることが、その道のプロとして認知されたような気分になれる。若い身にしてみれば、そこで交わされる話題に首をつっこみ好奇心をフル回転させて、まるでいっぱしの関係者になった気分で安酒に酔い痴れ、得意満面になる。

小説家、劇作家、演劇関係者が出入りする「M」のママは、自分の気にくわない客や、何か問題を起こしたりした客には、こっちが飛び上がるような罵声をあびせる。「てめえ、帰れ、来るんじゃねえ」などと言われてスゴスゴ退散するが、また現れる。「M」のママの自慢は「三好十郎の弟子である」だった。私が知っているすでにベテランと言われる劇作家も、「三好十郎の弟子」が総てと言う人であった。

そこで語られる「師」の人間像は普通ではない。私は面識もなく、まだ作品を観たことがなかったはずだけれど。しかし、新劇界に身を置いていつしか「三好十郎」像がどんどん膨らみ、染み込んでいった。そして、氏と深い結びつきがあった文化座や民藝を通して、より身近になり、その劇団で上演された作品を観たり、学芸書林刊の『三好十郎の仕事』を古本屋でみつけ、氏に関係する知識が増えていった。しかし、私は演劇製作の現場の人間。劇団の仕事で手いっぱい、漬かり切った状態であって、それ以上の関係はなかった。

一九九五年、思わぬ仕事が舞い込んできた。毎年秋に芸術祭が行なわれ、その文化庁主催公演「戦後一幕物傑作選」のくくりの中で、三本の作品を三人の演劇製作者が製作して上演する。私はその一人に選ばれ、作品に取り組むことになった。気がつけばこの世界で三十年になり、それなりの立場にも立つこととなっていた。

主催が文化庁、製作を文化庁のいう演劇界の統括団体としての社団法人日本劇団協議会が受けもつ。そこでこの劇団協議会が私にやれと言ってきた。二十世紀もあとわずか、新世紀目前である。それはまた、あの大戦争の事実がどんどん遠のくことでもあった。この企画のすごいところは、三年間にわたり、その製作者独自の構想を持って事に当たれと言う。責任重大ではあるが、劇団の枠を離れ自由に腕をふるってよろしいということである。

作品選定のメンバーもいたわけだが、最終決定は製作者にまかされた。私は椎名麟三『天国への遠征』、三好十郎『廃墟』、秋元松代『礼服』の三本に決めた。時間順ではなかったが、戦後すぐの一九四八年作『廃墟』を、二年目の一九九六年十月十九日から二十四日まで、俳優座劇場公演とすることにして行動を開始した。ポイントの一つである演出家は、若手劇団でめざましい活躍をつづけていた「THE・ガジラ」の主宰鐘下辰男氏に決めていた。

さて、上演権をとらなければならない。「三好十郎」の遺児白木まりさんの存在は、当然ながらこの頃は存知あげていたが、面識はない。そこで、元文化座の製作者に立ち合っていただき、新宿の駅ビル最上階にある喫茶店「プチモンド」でお会いすることになった。十年以上も前の出来事の一部始終をはっきりと覚えている。初対面の挨拶も緊張あふれるものであった。いよいよ『廃墟』上演許可の件に入って行くと、まりさんの大きな瞳は異様な光彩をおび、私の小さな体を包みこんだ。「三好十郎」の謦咳に接することのかなわなかった世代である。遅まきながら作品を読み、他劇団ではあるが芝居も観、評論的な本に触れ、感動していたが、あのときのまりさんが私に与えてくれたものは、それらをはるかに超え、生きた「三好十郎」そのものであった。人の親として、偉大な芸術家として、すさまじい生活体験者三好十郎先生の存在に初めて触れ、息をのむ思いをしたのである。

『廃墟』の本読みは最初四時間近くかかった。当時、俳優座劇場は夜、終演後映画を上映しており、遅くとも九時半には幕を下ろさなければならなかった。まりさんが先生の作品を「お好きなように」などと言うわけがない。

鐘下氏ののめり込みは素晴らしく、上演台本は原作に忠実なもので、その中に氏の創造上のプランが散りばめられていた。一気に書き上げたとさえ思わせる迫力の戯曲を舞台にのせ、しかも上演時間との戦いがそこにはあった。初日の乾杯は忘れることができない。私見になるが、この演出体験は鐘下氏のその後の作品に大きな影響を与えたと思っている。

「戦後一幕物傑作選」は私の演劇生活の大きなエポックであり、白木まりさんと交流ができるようになって、いつも三好先生が私の中に生きているようになった。

そして、二〇〇〇年はあっという間におとずれた。

二〇〇二年は三好先生の生誕百年であった。先生は一九〇二年四月二十三日、佐賀市に生まれ、一九五八年十二月十六日午後六時五十八分、赤堤の自宅書斎で逝去された。先生が多磨霊園に埋葬されていることを知った私は、『廃墟』上演を機に先生のお墓をさがしあて、時々一人でお参りに行っていた。十八歳で上京後、東京をあちこち点々と歩いていた私は、ようやく府中市の白糸台に定住して二十数年が経過していた。京王線「多磨霊園」は文字通り多磨墓地に通じる駅、私の通勤駅であった。南参道は春になると満開の桜トンネルが続き、そこを抜けると霊園になる。都心からここまでくると自然にめぐまれ、この地で私は長年、走ることを日課としていた。南参道入口を起点に、甲州街道、味の素スタジオ、調布飛行場、野川公園、多磨霊園ぞいに出て南参道に戻る、約十一キロメートルを山側コースとしていた（多摩川コースに対して）。冬場の日曜日はこれを二周、三周する。フルマラソンの走り込みである。

さて二〇〇二年十二月十五日の日曜日、こうした日課をこなすべく走っていた。翌日昼すぎ、まりさんから劇団に電話があった。

「水谷内さん、あなた昨日、見たわよ」

一瞬なんのことかわからなかった。十二月十六日、三好先生の御命日の前日、まりさん一家が墓参りに詣でた帰り、南参道を左折して甲州街道に出たところで、私が走っている姿を目撃したらしい。私はそんなこととはつゆ知らず、六十面をしてよたよた走っていた。互いの日常生活の一点が、こんなふうに交わることがある。鮮明な記憶の理由である。

二〇〇三年二月、私は新国立劇場で三好先生の『浮標』公演の製作に名をつらねていた。新国立劇場三代目芸術監督栗山民也氏は、民間との交流を大切な目標の一つにかかげていた。私が日本劇団協議会の常務理事をしているとき、新国立劇場で一緒に一つの作品を上演しようとの計画が持ち上がった。栗山さんはシリーズ「現在へ、日本の劇」として、二十世紀の日本を代表する戯曲を連続上演しようとのプランを立て、そのうちの一本を日本劇団協議会に持ちこんできた。私は協議会側の委員の一人となり、レパートリーの選考にかかわることになった。栗山さんは早稲田大学時代『浮標』を読んで感動しており、私は『廃墟』体験で三好先生の世界に入り込み、なかでも次なる上演はいつか『浮標』をと思っていた。レパートリーの決定は、このように単純な構造にはなっていないが、結果的にはこうした諸々の想いのなかから『浮標』が決まり、私は再びまりさんと御一緒することになった。二〇〇二年の暮れの十二月二十八日、新国立劇場会議室で顔合わせにこぎつけ、製作現場のスタートが切られた。まりさんにとって、三好先生の数ある傑作の中でも『浮標』に対する思い入れはひとしおではないか、と私は勝手に思い込みながら、お話を聞いていた。多くは語らないが、父三好十郎に対する万感の想いがふつふつと湧きあがり、いかに深く、重く誇らしく、かけがえのない父であったかを感じとったのである。

『浮標』は大成功をおさめた。今これ以上のことは書けない。あの舞台の一場一場が、私のなかに大切にしまいこまれている。

三好先生の作品は、これまでのところ『廃墟』『浮標』の二作しか手がけていない。私の世代にとって先生の作品群に触れることは、これからますます重要なことになると思っている。しかし、演劇の今日を考えると困難なことも多くある。こんな月並みな表現しかできない、もどかしさ。先に書いた。私は身のまわりに起こったいろいろな出来事に窮したとき、多磨墓地に眠る先生のお墓に詣で、じっと頭を垂れるのである。

梅雨はまだ明けない。霊園の木々は濃い緑が盛り、たっぷりと雨気をため、夏のおとずれを待ちかまえている。

（『三好十郎没後50年記念誌　劇作家三好十郎』２００８年10月1日／書肆草茫々）

「お別れの会」に寄せて

鈴木完一郎は二〇〇九年七月二十四日午前六時十三分、慢性腎不全のため伊勢原日向病院において死去、六十一歳であった。彼は二〇〇六年六月七日夜、劇団東演『いちゃりば兄弟』の稽古場で倒れ、横川功氏はじめ東演の皆様の果断な行動のおかげで新宿東京医大に運ばれ、十一時より翌八日午前六時まで腹部大動脈瘤破裂（四千ccの出血）の大手術が行なわれた。腎臓や他の内臓の状態次第では再手術もあった。しかし十日には意識を回復、四十四日後七月二十日に歩いて退院。これ「奇跡的」ではなく「奇跡の退院」と言われた。

実は彼が発病した四日前の六月三日、青年座文芸部の後輩井上享が東京医大に検査入院中容態が急に悪化し、集中治療室に運ばれる事件があり、私達を驚かせた。完一郎は七日の朝心配して研究所の勝又佐知子に電話、彼女が「祈るしかないです」と言うと「そうだな」とうなったという。

劇団員が期せずして二人、同じ病院の集中治療室にまくらを並べることになった。

一方では青年座創立者・劇団代表の森塚敏が、長年の持病胃潰瘍の悪化で中野にある横畠外科胃腸科病院に入院し、予断を許さない状況にあり、私にとっては重苦しい沈うつな日々であった。

そして七月七日、ついに森塚敏が逝き、三日後七月十日、若干四十歳の井上享が後を追う。

鈴木完一郎は大手術後次々に起る難関をくぐり抜けながら、この訃報を受けとめつつ闘病していたことになる。彼の心中はいかばかりであったか――。

しかし彼はこの状況を克服し、退院後ねばり強い療養生活を続けながら演出の現場に復帰し、精力的に作品創りに邁進する、二〇〇七年五月、関西芸術座が妹尾河童作『少年H』旅公演を開始するにあたって稽古が行なわれている頃、製作者・関西芸術座代表柾木年子氏に完一郎の声の状態がおかしいと指摘され、是非病院で検査を受けるように言われた。帰京後、地元の医者に診てもらい、即国立がん研有明病院に紹介状を持たされ出掛ける。

そして五月三十日、思いもしない咽頭癌と診断される。事態は緊急を要することとなり、六月二日の検査入院は、奇しくもあの大手術一周年となった。六月十一日、病状説明が本人と姉大久保法子氏、姪渡辺邦代氏、水谷内助義が立会人となって行なわれた。

放射線、薬は二年、摘出手術は五年と宣告され、完一郎は迷うことなく摘出を選択した。演出家が完全に声を失うのである。いったん退院して手術にそなえているところに「多発性胃癌」もあることがわかり、有明病院ではそうした症例に対応出来ず総合病院でということになり、六月二十五日また東京医科大学病院に入院し、七月二日午前九時半より二十時三十分にわたり咽頭全摘、胃全摘手術が行なわれた。完一郎は耐えたのである。またしても奇跡はおこったと思った。「闘病記」の筆談が開始され、座員はもとより友人知人の御見舞も受けて八月一日には近くの「センチュリーハイアットホテル」のラウンジに初外出、八月七日退院する。その間も完一郎演出になる作品は各地で上演されていた。病院から演出上の指示が出される。こういう気力、闘魂は何と言ったらよいだろう。

二〇〇八年になって大動脈瘤破裂時に腎臓の片方がやられ、残る一つの機能の衰えが目立ちはじめ、ついに人工透析となった。六月三十日、自宅で低血糖に襲われ苦しんでいるところを発見され、ただちに杏林大学病院救急救命センターに搬送されて事なきを得た。そして、そこから治療のため戸田中央総合病院に転院。新たに発見された鼻奥の癌細胞切除の必要が生じ、血小板が極端に減少、人工透析という状況の中で手術の機会をうかがい、感染症のため観察室に入っている完一郎。私達の感じた最も危機的なもので、最悪の場合を考えざるを得なかった。このような時に青年座演出部奥田有美が自宅で死去しているのが発見される。私達はただ驚き、いったい何が起こったのか、わずか三十九歳でこの世を去る不条理に涙するばかりであった。完一郎は、この事実をしかと理解する状況ではなかった。私達の心は沈んだ。ところが完一郎はこの重大なピンチを脱出する。私達が奥田の事件に打ちのめされている時に、大きな救いを感じたのだった。持ちなおした彼は、しっかりした意思をもって七月三十日、東京医科大学病院に再度転院。八月四日、鼻奥癌細胞切除手術は成功。退院に向けてリハビリが開始され、その一歩一歩の進展を聞き、一喜一憂の三カ月。十一月も終るころ療養型の伊勢原日向病院に転院して、二〇〇九年を迎える。一人で車椅子に乗ることが出来、食事もほとんど普通に食べられるようになり、私達との面会も明るい笑いがたびたび起こる筆談風景で、何か信じられないものであった。五月になって私は土田英生作『その受話器はロバの耳』の様子、日常の出来事を完一郎に書き、そろそろ会いに行くからな、と結んだ。間もなくハガキが来た。「故郷はそろそろお茶の季節、町中が茶の香りに包まれていた頃を思い出します。そうそう倒れて一年、あそこで時間がプッンと切れて、新しい時計が刻みはじめました。ようやく、その時計にも慣れてきた頃です。ゆっくり昔の時計の話もしてみたいです。待ってます」。五月十九日のスタンプが認められた。それからしばらくして腸閉塞を起こしたとの知らせを受けた。しかしあいつのことだから大丈夫と思っていた。

六月二十三日、毎週行なわれている製作部の月曜ミーティングが終り、今週もがんばろうといった次の日、住田素子突然死去が出来した。折りしも『赤シャツ』が九演連の旅に出た日の衝撃であった。完一郎は住田の葬儀に、「この度は突然の訃報に悲しみと驚きの嵐の中をさ迷っております。長い事、芝居をやりましたね。上手くいけば喜び合い、あまり上手くない時は、喧嘩したり素晴らしい人生でした。旅立つ貴女に、青と薄紅色の紫陽花が栄光の光をはなっています。合掌　鈴木完一郎」の弔電を寄せた。これは完一郎の絶筆であったろう。何と住田の死の一カ月と一日後、全身全霊を燃やしつくし、彼はこの世を去った。

発病してあしかけ四年、親族、座員、友人、知人、舞台人に励まされ、その力をかてに明日をめざしていた。それは実に多岐、多彩な仕事をやりとげ、多くの人々――観客も合せて――にめぐりあって生きた生涯であった。七月二十八、二十九日通夜、葬儀参列者に渡された冊子「鈴木完一郎全仕事」は彼の最後の作品であった。

この小文は、青年座総務として完一郎の面倒をみつづけた田森敏一氏（七月三十一日退職）が残した記録に負うところ大である。そして、関西芸術座柾木年子氏の鈴木完一郎闘病の一部始終にそそがれた眼差しに心から感動し、感謝する次第である。

（「鈴木完一郎さん「お別れの会」に寄せて」２００９年9月17日）

「傑れた劇」とは

土方与志氏が私財を投じ「築地小劇場」を一九二四年、二十六歳の若さで小山内薫とともに開設、日本新劇元年と言われる。

一九九八年「土方与志生誕一〇〇年記念シンポジウム」が行なわれたことを覚えている人は演劇界ではまだ多いと思う。いろんなプログラムがあり私も出席した。記念事業の一つに土方先生の『なすの夜ばなし』復刻版作成があった。出版は影書房が手がけた。この会社は私にとって忘れることの出来ない怪物いや名物、いや、ともかく型破りの演劇製作者庄幸司郎氏が経営していた。私のような世代はこの本が戦後間もない一九四七年に出版され読まれていたことなど知るよしもなく、演劇界に入ってようやくその存在を知るのみであった。

実は最近、思うところがあって久しぶりに手にして読み返すことがあった。ずっと気になっていて入手出来なかった『土方梅子自伝』を読むことになり、その時であったと思う。

戦争のどろ沼の中、土方先生は家族ともども長い海外生活を続け、帰国するも獄中の人となり、日本の敗戦によって解放され、那須野の地に身を置く。その時に書かれた『なすの夜ばなし』は新しい出発の中、新劇運動にいかに取組み歩むか、とともに自伝が綴られており、数奇な運命にもまれ生きるお姿は読む者の息もつかせない。先年亡くなられた土方与平さんの遺作『或る演劇製作者の手記』とあわせると、新劇界の巨人像がそびえ立つように浮かんでくる。今度読みなおし、気になった箇所に出会った。それは、土方先生が長い流離の果てにたどりついた那須野の地からふたたび演劇界に歩を進め始める、その後押しになったのではないか。これは是非書きとめ、自分なりに考えてみたいと思った。

土方先生は、戦災で焼けのこった蔵書の中に、一九二一年に出版された坪内逍遥の『それからそれ』をみつけ出し、「民衆教化と演劇」の章から次のような文章を引用している。

「傑れた劇は、人心を悦ばせ、楽しませ、慰め励まし、自然にその元気を鼓舞し、新らしい生命力の勃興を感ぜしめ、何等かの高い理想に向かって向上しようという企望を起さしめる。喜悦《ジョイ》が希望《ホープ》を生み、元気《エナジー》が自恃心《セルフリライアンス》を生み、新しく得た人生に関する一層高尚な智慧《インテリゼンス》が、もしそれが多少漠然としているにもせよ、何等かの先見、何等かの願望《デジデラクム》、何等かの向上心《アスピレーション》、何等かの理想《アイデアル》を生むのである。」

書かれた時代状況はまったく違うのであるが、土方先生は「かかる傑れた劇が国家によって人民に示された時の幸福が、いかに大なるものか疑いをさしはさむ者はいないであろう」と書き、その息遣いが聞こえてくるようである。電気も何もない不便この上ない土地に住み、このように力強く立ち上ってゆく。「国家によって人民に示された時の幸福」と演劇。このような概念など持ち合せていない私は、太く大きなため息をついたまま先に進むことが出来なかった。

少なくとも「傑れた劇」とは何かという問題は、観客も演劇創造側も常に考えていることであり、日々の生活に追いまくられ、それどころじゃない時代の演劇にもそれは追求された。焼け野原の東京に新劇合同公演『桜の園』が上演され、何万もの観客がかけつけたことはあまりにも有名なエピソードである。この時代に土方先生の再スタートがあり、戦後演劇の活動の総てがあった、と思っている。新劇団もそれをささえる観客も、「国家」によって何かをしてもらったと自覚する者は恐らく居はしまい。『なすの夜ばなし』に込められた演劇の事実はそれを確認するばかりだ。

私達は「面白い」「役に立つ」「楽しい」「勉強になる」芝居と、あらんかぎりの言葉を使って自分達の創る演劇を語ってきた。観客の存在もまた同様、「演劇に何かを求め」その時その時、言葉をつくして語りあってきたと思う。この問題は手にあまる、にっちもさっちもいかなくなりそうなのでこれでよす。

全国演鑑連結成五十周年の年に当って、縁の深い関係を築いてきた者にこれからの運動に期待する一文を、の依頼があった。根がクソ真面目に出来ているせいか「五十周年」にこだわり、労演が結成された年代を通りこして、一九四五年にぶち当ってしまった。『なすの夜ばなし』『土方梅子自伝』『或る演劇製作者の手記』三冊を机上にならべ沈思黙考の体、似合わないことおびただしい。ともあれ、私達の今日を思うと、このような偉大な仕事をなしとげた人々とどこかでしっかりと深いつながりがあるにちがいない。

私は必要があってつい最近、大阪に行ってある劇団の芝居を観た。小劇場に展開される舞台が始まる前、突然中年の男性がつかつかと近寄り「しばらくです」と声をかけてきた。うす暗がりの場内、知り合いなど居るわけがない。と、その男性が大阪労演の最後の役員をしていた人であることに気づき、驚きの表情を交し、それぞれの席についた。

原子爆弾製造（「マンハッタン計画」）にかき集められた若者の一九四五年から現代まで、時空を飛びかう作品世界は、今日的テーマで重く生々しい。彼は大阪労演が消滅してもなお生活の中に演劇をしっかりと受けとめ、こうして劇場の人となっている。もし、今も続いていたらこの作品が例会に選ばれたであろうか……私はしばし舞台とは別の想念にとらわれた。

「傑れた劇」とは、いつ、誰が、どんな所で出会うかも知れない人間の営為である「演劇」上演が、持続する中にみつけ出されるものではないだろうか。そしてまた創造の当事者がどんなに傑作だ、何だと言っても、観た本人がそれっきりであってはどうにもならない。

大阪に新劇鑑賞組織が出来、今日まで長い道のりを歩み、各地で思い思いの記念日を持ったりして、更に新しい方向を探し求め活動を続けていく。近年は四十周年、五十周年を数える組織がどんどん現われている。その記念誌に、第一回例会からずっと取組んだ作品のデータがグラフになって折り込まれているものもある。創造側の者にとってはずっと自分のところの作品が続くことを夢みるかも知れない。これはもう持続であって持続ではない。

一番新しいと思う『福岡市民劇場創立五〇周年誌』には、一九六一年から二〇一二年にかけて、私の両手を広げても余るのではないかと思われる長さ、三百六十九回の例会が記録されている。第一回、俳優座の『十二夜』。何と青年座の『第三の証言』が第二回例会である。一九五四年にこの作品での旗上げ公演、難解な不条理劇と言われた舞台を千四十五人もの会員に観てもらった。そして、青年座が次に福岡の例会に登場するのは十二年後である。この空白はなにを意味するか。いろいろな作品、劇団が、我こそはと目白おしに続いている。青年座の空白期間であって、鑑賞会にあれこれ注文をつけることではないのである。実際、例会に取り上げられた作品は聞いたこともないというものは一本もなく、多くは私自身も観て確かめた作品である。

さて、私がひっかかった「傑れた劇」の定義にまつわる思考の迷路からそろそろ抜け出さなければならない。

この六月に出版された小田島雄志さんの『ぼくは人生の観客です——私の履歴書』のあとがきの一節を紹介し、筆を置きます。

「観客とは、無責任に楽しもう、という精神のことである。それと同時に、孤立して存在するのではなく、周囲にいる人たちといっしょに泣いたり笑ったりする集団の一部として生存したい、という欲求のことである。」

（全国演鑑連結成50周年記念号『観賞運動』２０１２年8月／全国演鑑連幹事会）

ブンナの軌跡

七月一日午後五時、劇団の稽古場で第五次『ブンナよ、木からおりてこい』の顔合せが始まった。スタッフ、キャスト総勢三十数名になろうか、テーブルを囲んでずらりと居並ぶ光景は、いつもながら緊張と興奮と未知なる創造への期待がふくらむ至福の瞬間であり、もっとも高揚する時である。

劇団が水上勉作小説『蛙よ、木からおりてこい』に出会って四十年、小松幹生脚本、篠崎光正演出『ブンナよ、木からおりてこい』誕生から冬眠と称するブランクも含め三十四年、五作目のブンナが動き始めた。

演出家磯村純のとなりに劇作家小松幹生氏が座っている。第一次ブンナの第四班のブンナ佐藤祐四、ねずみ名取幸政にとってはある意味なつかしさを感じたことだろう、と同時に「どうして」の思いがあったのではないか。

小松、篠崎ブンナが一九八一年に終って四年後、第二次ブンナは水上勉先生自らの台本で始まった。劇団はもとより各方面からのブンナ待望論に対するこれが答えであった。結果は引き続き好評をいただき、観客も中学生から全国の子ども劇場おやこ劇場、そして高校生に、やがて全国に展開する演劇鑑賞運動組織の例会作品、ときわめて広範囲な観客に受け入れられ、ＮＨＫテレビの全国放送で一九

第１次『ブンナよ、木からおりてこい』（1978年４月。撮影・真野芳喜）

八一年と一九九七年の二回にわたって放映された。

ある種のロングラン公演となった。冬眠と書いたがこの時間が次なるブンナ登場の大きな意味をなす。つまり劇団事情のみで演《や》るということではなく、ブンナをみたいとの要求がふつふつと聞こえてきて実現にこぎつけ舞台創りとなっていったわけである。

こうして第三次ブンナまで続き二〇〇四年、私達は思いもよらない、水上先生が八十五歳の生涯をとじたとのニュースに接する。すでに第四次ブンナを予告していた時であっただけに私達の衝撃は大きかった。作品は当然その成立する時を生きるだけに創造の要にある先生の死の意味は大きかった。しかし前に進まなければならない。新しいスタッフ、キャストは懸命な努力を重ね、ブンナの命はつながっていった。それから三年。意外に早く第五次ブンナ立ち上げの機運がめぐってきた。と言うのも文明の進化はすさまじく見るもの聞くものの様相は驚くべきもので、私達が想像すら出来ない様々な事件が次々起り、人は危機に晒されていくのである。劇団のブンナ立ち上げの動きにもう一つ大きな動きがあった。日本の新劇運動をささえてきた演鑑連の九州ブロックから、ブンナ再演のエールが送られてきた。九演連は一九九九年ブンナを統一例会に取り上げ、多くの会員の間に新鮮な感動がひろがり、大変な反響をいただいた。その声が十年以上の時を経て鳴りつづけていたことになる。

ところが、二〇一一年三月十一日あの東日本大震災が日本から全世界に、地球の一大危機とまで言われる大災害が起った。何もかもがふっとんだような無力感に襲われた。劇団は三日後に東北に旅立つ『赤シャツ』の舞台稽古の真最中であった。

蛙や鼠、蛇、空をとぶ雀、ふくろう、百舌たち小動物、地にはいずる虫達もまた大波にさらわれ、放射能に壊滅的な打撃をこうむったに違いない。しかし、私達はそんな悲劇的な地獄図に遭遇したこれらの実態を伝えるニュースを寡聞にして知らない。ブンナを世に出された水上先生はなんとおっしゃるだろうか……。

「我々に何が出来るか」との問いはあの日以来いまもずっと続いている。それぞれ自問しながら、それでも人は生きて、生きていく。

『ブンナよ、木からおりてこい』水上台本を先生にはりついて取ってきた若き宮田慶子から鈴木完一郎が引き受け、数えきれないエピソードを残し黒岩亮に渡った。水上先生が逝って間のない時、どれ程のプレッシャーがあったろう。彼はしっかり受け継いだ。

第五次ブンナがぶつかったあの大災害は誰もが想像しなかった。磯村を中心に新しく登場するプランナー、初演時、生の影も形もない、ブンナの舞台に強烈に刺激された、そんな役者達が「ブンナと今」を切り拓いていく。ちなみにこれまでに千百四十回の舞台。延べ五十四人余のスタッフ、二百二十四人のキャストがつらなって今日にいたる。

「補綴《ほてい》」という言葉は今時あまり見かけることはない。ここに小松幹生氏を迎えることになったわけは、すでに述べてきたように時代と向き合うブンナが微妙に変化をとげてきた、その事実をいかにして台本に反映させるか、そのために新たな才能の助けが必要であった。実はこの作業が最も大変かつ肝腎なことで、役者が舞台に立ち観客と何十回とくり返す演技の原点になる。思い起こせば、ブンナが今日あるのは小松幹生氏の戯曲を水上先生が認めて下さったことにある。小松、篠崎ブンナは今日も中学生、高校生達による上演が続いている。その作家を補綴にと考え、彼はそれを受けて下さり、そしてまた著作権者水上蕗子さんも快く了解して下さった。この出会いにまつわる事実を泉下の水上先生はきっとうなづいて下さると思う。

顔合せののち、本読みが行なわれた。長野県東御市からかけつけて下さった水上蕗子さんも立ち合われ、聞き入っていた。私の個人的な思いを言えば、小松さん、蕗子さんも同席する中、劇団の明日を『ブンナよ、木からおりてこい』に集う若い才能が爆発的な力で創っていくことだろう。期待で一杯である。

（上演パンフレット『ブンナよ、木からおりてこい』２０１２年８月20日）

エリスとともに

ある人を介して青年座代表取締役を勤める演劇製作者森正敏に、モスクワの大学で演劇を勉強している十九歳の女性が日本の事情について知りたい、ついては青年座で面倒をみてくれないか、と言ってきた。いろいろあってお会いしましょうということになり二月六日午後一時、劇団に訪ねてくるので私も立ち合うことになった。

久し振りの珍客の到来、はていかなる人物であろう、好奇心もわき、いそいそと待つ、ちょっと浮きたつ気分のうちに、約束通りその人が現われた。

「エリスと申します」。美しい日本語を話し、少女の面影を残す彼女に年甲斐も無く驚き、目が輝いたような気がした。外国の女性についてはほとんど映画を観ての知識しかない私は、一九六〇年に上京し外国映画を観まくった頃のクリスティーネ・カウフマンを思い浮かべた。もっともこの例えに、同感出来る人はほとんど居ないでしょうね。エリスは一九九三年エストニアの首都タリンで生まれ、母が黒沢明監督のプロダクションにかかわる仕事をしていた関係で、六歳から十六歳まで日本に住んでいた。なるほど、納得。それにしてもどう処していいやらわからないが、とにかく最初に私が日本の演劇について何か話すことになった。翌週二月十二、十三日二時間ずつ。

彼女は日本人と同じように話すが、読み書きはそうはいかない。したがってこちらが話す内容も理解は不十分であることもわかった。私は母校の大学で演劇製作を中心に話すことを十六年続け、三年前から一、二年生の講座も持つことになった。演劇学科に入って来た学生が全部演劇についての知識を持っているわけではない。同時に、十代の男女と七十代になる身ではいろんな方面で違いが大きく、この差違は想像を超えるものがある。上から目線で先生よろしく教える、というわけにはいかない。私は学者でも先生でもない、演劇製作の現場に居る人間である。このスタンスが大事であると考えていたが、しかし技術的なというか劇団の現実的な話ではすまない。そんな経験を積んでいたとはいえ、エストニア人で「ロシア舞台芸術アカデミー（GITIS）」の学生、しかも日本語を話す彼女に何を語るか、引き受けてしまって、はたと困惑した。

私は小学校高学年から中学校にかけて社会の地理が大好きで、日本地図をみつめていると飽きることがなかった。北海道から沖縄までの主な都市、川、山などほとんど覚えた。後年演劇製作の仕事に就き、その頃覚えた府県総てに行くなど思いもよらなかった。

かねて欲しかった世界地図の最新版を手に入れ、「今わかる、時代がわかる」よろしく「エストニア共和国」の所在地を確かめる。国土四万五千㎢、人口百三十万、貨幣ユーロ、首都タリン、言語エストニア語。これらを確認してエリスと二人向きあった。私の話したことは日本の一九四一年十二月八日、そして四五年八月十五日の敗戦、つまり戦争と平和を中心に、そこに演劇がいかに存在したかである。それは私が生まれ、東京をのがれ生き残り、生まれ故郷に帰ってくる。大学ノートに大きな漢字混じりのひらがなを書きなぐっての、いわば筆談のようなものだ。エリスは年号の数字から確実に私の思いをくみとっていたと思う。そのあと都内で上演されている劇団の芝居を私や森が案内、製作者に紹介し、一緒に観る。新国立劇場で観た劇団朋友の瀬戸口郁作『真砂女』に涙を流し、女性の一代記に「感動しました」と。演劇のすごさと言える。この体験をレポートにし学校に提出すると言う。彼女の日本演劇についてのいろんな話をもっと聞きたかった。劇場で手渡されるチラシのボリュームにビックリしている姿など、何んと言っていいか。二㎝近い厚さの中にぎっしり詰まった演劇情報。

私がこの世界に入った頃、チラシを二万刷ると言ったら目を丸くされた、せいぜい一万以内であった。五万、十万のチラシをどうさばくか、大仕事であろう。しかしオリコミが普通になり、手から手にと、劇場に来た人に渡っていく。ダイレクトメールの量より確実に多いだろう。ところで不特定多数の観客は、いったいいかなる判断をもって観る、観ないの決断を下すのだろう。ともかく観るも観ないも自由であり、チラシの処理も勝手である。もっともオリコミには必ずアンケートが入っており、こちらが目的である。集団はアンケートをとり、その住所を観客動員名簿として蓄積することが最も大切なことだ。アンケートに記されている項目はいろいろある、しかし、そこにある観客の声（感想）なるものが、いかに創造に関与するか。

大、中、小の劇場、稽古場など舞台の上演される場所は様々である。また劇団の関係とか出演者、など諸々のつながりでチラシの集まり方が違う。つまり手にズシリと来る重みは、それぞれの演劇事情を如実に表わし、一枚一枚に創造側の思いが切実にある。しかしどれ程その切実さを観客は受けとめてくれるか、知る由もない。正直に申し上げれば数知れない人々の意志をつかみ切ることなど出来はしないのである。創造集団がアンケートで作品を決めていく所はどれだけあるだろう。エリスとこの辺の話が出来たら面白かったろうな、と思ったものだ。

三月早々に彼女はモスクワに帰った。そしてある日お礼状が送られてきた。たどたどしくはあるがひらがなで、「おせわになりました　ありがとうございます」と書かれていた。彼女は女優志望をやめ、より広い立場に立って創造、つまりアートマネージメントを仕事とするために勉強し、日本と演劇交流をめざすに違いない。多分また来日するだろう。その時は、青年座の芝居が世界に冠たる演劇鑑賞組織の例会に取りあげられていること、日本各地をめぐる旅に連れて行き、その運動「まいしいと」の実際や「三つの独自課題」の意味を知ってもらおう。そして、劇団がいかにしてその運動の最前線を歩いているかを語ろう。

今年は日本のテレビが本放送を開始して六十年に当る。記念番組があちこちで流れている。テレビの登場が日本の芸能文化にものすごい影響をもたらしたことは今更語るまでもない。映画からテレビの時代に、などなど、激しく動く戦後日本の様相はすさまじく、その間六本木に劇団俳優座が劇場を作り、青年座が創立された。つまりこうした状況の中で我々の新劇は生きてきた。

今、「新劇」という言葉は死語となった。「劇団」があって「新劇」がない。妙な話である。そしてこの「劇団」も今ではあやしい存在になりつつあると言われている。演劇の多様性を一口で語ることは出来ない。またオリコミのことにふれたが観客の実際も、とても語れるものではない。それは労演から始まる演劇鑑賞運動においても同様である。しかし現在日本に十七万という数の人間が演劇を観るための組織を動かしている事実は、ある意味、想像を絶するのである。

劇団前進座が八十年を越えていることは知っていよう。二〇一一年三月九日、東京會舘において行なわれた「創立八十周年記念祝賀会」の光景を忘れることが出来ない。三日後「東日本大震災」が起った。全国から集まって来た千人余の人々はこの事実を何んと受けとったことだろう。演劇が日々の生活の中で生きている、しかしある時一瞬にして総てが消えてしまう。実は今年、中村梅之助氏が『前進座80年』を上梓された。座が創立される一年前に生まれた氏が八十三歳にして書き上げた作品だ。

一劇団の歴史ではある。しかし、今日まで営々と生き続ける座員と芝居と観客が、複雑怪奇(!?)にからみあっている様相が生々しく浮き出ている。私がとりわけ感じ入ったのは、上演作品が次々に登場し、その時誰が何を演じたかがまず書かれ、しかも役は粛々と継承されている。歌舞伎を中心に多彩をきわめ、観たことのないのはもとより名前だけ知っているものが、延々と続き、やがて観た作品が現われる。この記述があたかも舞台が目の前で演じられているように伝わってくる。中村梅之助氏の舞台をたくさん観ているわけでもない。ましてや、言葉をかわしたこともない。しかし、である。前進座が今日まで日本最古の劇団として生きている中で観客がいかなる存在であるか、中でも演鑑との関係が言葉数は少ないにもかかわらず切実であり、心をつくし対している姿が痛い程伝わってくる。

「一劇団」のことであると書いた。であれば来年六十年の自分の劇団を語れば良いではないか、と言うかも知れない。「日本の演劇状況と鑑賞会」を語ろうとする時、私はこの著書に行きあたった。そこには「演劇」が八十年以上の時に翻弄されつつ、生きて輝いている姿がある。

エリスは今頃一生懸命、「日本の東京で体験した演劇について」レポートを書いているだろう。いやもう二カ月も過《た》つ、とっくに仕上げ、次なる日本行を考え、日本語もせっせと勉強しているに違いない。若者の成長は早い。

(全国演鑑連中国地区・演劇鑑賞団体連絡会議合同誌『まいしいと』2013年6月)

劇団、情熱と持続の彼方に

ケチャのリズムにのり、聞こえてきた。

草に輝く朝露／大地にただよう朝もや／そんなこの世に／生まれたけれど。

初演後三十五年、『ブンナよ、木からおりてこい』の稽古場から。史上最高温四十一度を記録した日本の夏。

八月十一日、青年座第二百九回公演「海外現代戯曲シリーズ」として打上げたマイク・バートレット作『ＬＯＶＥ、ＬＯＶＥ、ＬＯＶＥ』の余韻覚め遣らぬまま、劇場にブンナの大道具が仕込まれ、もう一本アーネスト・トンプソン作『黄昏』の稽古も始まった。来年、創立六十周年を迎える劇団青年座の日常である。

すでに劇団創立者総て（在団者）がこの世を去り、演技部、文芸部、演出部、製作部の主要な人々も一人去り、二人去り、劇団構成者は大きく変った。歳月は容赦ない。

森塚敏がよく口にしていた「俺達は、こんなに長く劇団を続けようとは思っていなかった」。事実、昭和二十九年創立当時、ある演劇評論家は「三年もったらおなぐさみ」「もしも続いたら銀座を逆立ちして歩いて」みせるとまで言ったそうだ。面白おかしく尾ヒレがついたとしてもある真実がこめられている。俳優座から分れ「創作劇のみを演《や》っていく」ことはそれ程無謀と思われ、当事者森塚も内心そう思っていたふしがあった。稽古場を点々とし、下北沢に鉄筋コンクリート造り、三階建の本拠を築いて創立十周年を迎え、記念公演が上演されていた。筆者が初めて観た新劇がこの時の矢代静一作『象と簪《かんざし》』、ついで新藤兼人作『しとやかな獣』。オープン間もない紀伊國屋ホールに初めて足を踏み入れた。その時の正直な感想を申せば、映画に比べかったるいの一言だったが……。余談でした。

この時『劇団青年座十周年史』が上梓された。とりわけ記念パーティは吉原の「松葉屋」で行なわれ、当時の新劇界に驚かれ、あきれられたらしい。「パーティ大好き劇団の青年座」は単にお祭りというだけではない。いろんな意味あいが含まれていて、その伝統は今も続いている。二〇〇四年五月一日、創立メンバー達が思いもしなかった劇団五十周年を迎え、巨大なビッグサイトの一画で大パーティ。健在であった森塚敏、東恵美子の胸中はいかなるものであったか、ついに感想は聞きもらしてしまった。あれから九年はあっという間、その間非常に多くの出来事が次々に起り、総てが青年座にとって未知なるものであったと言える。私はある思いをもって最近『十周年史』を繙き、巻末「青年座を語る」座談会を読みなおした。この時劇団の文芸部員であった文芸評論家奥野健男が企画・司会を務め、千田是也、矢代静一、西島大、松浦竹夫、安部公房、福田善之（発言順）氏等が出席している。冒頭、奥野健男が時の演劇状況を踏まえ座談会の主旨を語っている。「外側からみて、青年座が此の十年間何をして来たか、今後どうあるべきかということを、創作劇中心に十年間歩んできた歴史をふまえて、忌憚なく論じてもらいたいと思います。そしてこれから新劇はどうあるべきかを自由に話して頂きたいと思います」。悪口歓迎、言いたい放題、何んでも結構と宣言しながらであるが、「創立のころ」「戦後演劇について」「戦後劇作家の出発」「スローガンと劇団の実際」「創作劇運動」「青年座カラー」「青年座の役者たち」「これからの青年座に望むこと」と順序立てて語る内容が実に面白く、大真面目、純粋で、一九六〇年代にこんな一劇団の十周年ぐらいでこれ程の人達が真剣に語るってどういうことなのか、うまい表現が思い浮かばない。新劇が間違いなくそこに生きており、時代に重い意味を持っている。長時間にわたって行なわれたもので、一つ一つ例を上げて紹介することが出来ないのは残念である。

青年座が明日をも知れない不確かな不安の中、やるしかないと船出した。この自信というか、度胸というか、情熱が十人の役者の中に燃えたぎっていたに違いない。座談会には座付作者西島大のみ。創立メンバーの役者が一人も入っていない。不思議に思う。しかし十年劇団をやってきて演技部、文芸部、演出部、製作部といった持場が確立され、そこにまかされていたものと思われる。

現代演劇の状況は五十周年の時よりも大きく変化し、言うところの「新劇」は死語となり、創立メンバーも消えてしまった。この事実、この現況の中、我々は行動していくしかない。劇団は生きていく。二十代から八十代をかかえる二百人をこす集団を動かすもの、それは演劇創造の情熱と持続以外の何物でもない。青年座劇場を中心に他劇場も使用する本公演、スタジオ公演といった自主公演と、全国に広がる演劇鑑賞運動との共同関係の推進、そして人材育成などを強く展開する。

「青年座・セレクション」と銘打った劇団の過去の名作の再出発、「海外現代戯曲シリーズ」への挑戦、これらは総て劇団の過去、現在、明日をみつめる青年達、座員の総意の結集によって動かされている。

（『テアトロ』２０１３年10月号）

二〇一四年八月二十一日は「通夜」であった

『Act 3D』は、六十周年記念公演の一つとして、演技部会での意見を元に演技部主導で企画を立ち上げ、〝素タート委員会〟という組織を作って、会議を重ね、担当を決め、約一年半を費やして公演実現に向かって動いてきました。そして、製作部、文芸部、演出部の協力を得て、ようやくこの日を迎える事が出来ました」。七月から八月にかけて柴幸男作・演出『あゆみ』、早川康介作・演出『UNIQUE NESS』、田村孝裕作・演出『台所の女たちへ』が青年座劇場で上演された。パンフレット「ごあいさつ」の文章です。

「企画の発端は『新しい風を入れたい』ということでした。演技部会で企画を練ったところ三人の作家が候補に挙がり、さらに演出もお願いしようということになった」が議論百出、「鬼籍に入られた先人達はこんな時どうしたのだろう」「役者十人から始まった劇団青年座の六十年前は……どうだったのだろう。原点に戻ろう！　やれることはやろう！」。劇団の演技部に所属、全てお膳立てされた中で演技のみに集中してきた環境に慣れてきた面々は思い悩む。しかし、彼等が発案したのぼり旗五十本がはためく青年座劇場に多くの観客を集め、無事打ち上げた。

ついこの間、五十周年を迎え、七本の舞台を上演。うち五本は下北沢の本多グループ五劇場を借り切って連続上演を試み、大さわぎをしたのは、つい昨日のような、そんな感覚の残る中で六十周年がやって来、「Ａｃｔ３Ｄ」は、そのど真中の期間を占めて行なわれた。しかし、劇団の上演活動の根幹を決める上演レパートリーを、こうした座組が中心になって実行されることは大きな問題要素をはらんでいる。つまり劇団全体の合意がいかにしてとられたかである。五十周年時の記念公演進行とは大きく異なるところである。「我が劇団はかくあるべき」の原点は厳然として存在している。しかし、この公演はそれらの重要な接点を微妙に超えている。

劇団は今も六十周年記念公演第三弾、水上勉作・宮田慶子演出『地の乳房』上演に邁進している。三十周年記念公演であった作品を、紀伊國屋ホール開場五十年も重なった年、水上勉没後十年の晩秋、再演される。こうした公演は単なる個人の思いつき、声の大きな芸術家の意見に引きずられて決められていくものではない。「新しい風」が何んであるか、この意味をそれぞれの立場の座員が考える時である。私は「Ａｃｔ３Ｄ」の脚本を事前にいっさい目を通さないで観ることにし、それを実行した。演劇製作者が、自分の劇団の作品に対して、かくなる行動に出るなど、もっての外である。言うまでもなく、これが私のこのたびの企画に対するスタンスであった。五年前、『テアトロ』から〝新劇の仕事〟について一文を依頼され、「五十五年目のつぶやき」と称して「今後は我々劇団の創造する作品力をより高め、青年座にしかなし得ない作品を生み出すことに精力を傾け競争していかなければならない。この極くあたりまえのことを組織の中でいかに実行していくか。問題は劇団の中にある」と書いた。思うに、今こそこの問いを確認しなければならないのではないか。

八月二十一日、『台所の女たちへ』初日、ロビーのにぎわいの中、突然読経の声が鳴り響いてきた。

「うん!?」

五分前、満員の席に着くと舞台は、まさに「二村家」当主の葬儀式場、通夜が始まろうとしている。八月二十一日である。驚いた、この日七十三歳の誕生日であった。それなりに意識し、家の者も何時に帰るのか、気にしていたが「今日は芝居の初日だ、遅い」。芝居の時間と自分の時間が同時に動いている、奇妙な撞着現象の中に身を置くことになった。

舞台はこれでもかこれでもか、作家のおもむくまま構成され、錯綜する時間軸を、当てられたとしか思えない八十歳から三十歳の役者たちが演じる。家族劇もここに極まれり、といった趣があった。青年座は、と言うより現代演劇の素材の王道と言える。多くの作家が、その時代における家族関係を舞台にしてきた。八木柊一郎氏が、一九九二年『八木柊一郎戯曲集』を出版した。全十六作品のうち八本が青年座で上演され、大半が家族を描いて、その時代を穿つ重要な作品であった。してみると「Act 3D」の試みは、劇団に通底する創造性につながっていると思うのである。八木氏の出版パーティが行なわれた時の主人公が入っていない記念写真を持ち歩いている（Ⅱ章扉の写真）。千田是也、杉村春子、鈴木光枝、東恵美子、森塚敏、関弘子、金井彰久。そして私のみ、今『台所の女たちへ』の主人公の死亡年齢に近いところをうろついている。

（『テアトロ』2014年10月号）

水上勉さんが描いた故郷・若狭

劇団青年座は創立六十年の記念公演として、水上勉作『地の乳房』を上演する。一九八四年の初演で三十年ぶりの再演となる。

本作は作者の故郷・若狭を舞台に、自身の家族をモデルにした自伝的作品。水上先生の没後十年となる本年、追悼の意を込めた上演である。

初演時、先生の脚本執筆は難航した。なにしろ先生のスケジュールは、われわれの想像を超えていた。

八四年、この頃先生は「原発の若狭」のこととして、「過疎辺境と文明爛熟消費都市。どっちも人の子が生きる混沌世界である。極楽とするも地獄とするも、みな人の子の自由だ」をテーマとする講演を全国各地で盛んに展開していた。私は先々をついてまわった。同じ話を何度も聞いた。そのたびに引き込まれていく自分を発見した。七九年のアメリカ・スリーマイル島原子力発電所放射能漏れによる空前の事故の衝撃は、大きく先生の心を揺さぶっていたに違いない。

夏も終わり九月目前、先生の軽井沢の仕事場に詰め、二階の書斎から下りてくる生原稿をただちにリライトする。先生に「お前の字の方がよっぽど読めない」と言われたが、演出の鈴木完一郎は私の

水上勉氏葬儀の朝、佐々木愛さんと（2004年9月9日）

悪筆に慣れていた。

一晩で約八十枚、一気に書き上げられた。私たちは、平和利用の名のもと地場産業として原発を受け入れるかどうかで揺れる最終場面、「問題の12場」を手にした時、脚本難航の意味を知った。原作にはまったくない、まさに「原発銀座」と言われ始めた若狭の現代の問題が書き込まれていた。

劇団の創立者・森塚敏、初井言榮、そして大塚國夫、今井和子たちの稽古場に、多忙な水上先生が突然現れ、完一郎との本なおしが行なわれた。切実な問題をつきつけた『地の乳房』の上演は反響も大きかった。

八六年四月のチェルノブイリ原発大事故は、もはや他国の問題ではなくなった。

創立メンバーは皆他界し、新しい時代に入り、新スタッフ、キャストが『地の乳房』に取り組む。「3・11原発崩壊の現実」を抱えるわれわれの創造活動の意味を問い直したい。

（『しんぶん赤旗』2014年10月22日）

水上先生と青年座のこと

水上勉先生の舞台に出会ったのは一九六四年、木村光一演出による文学座公演『山襞』の朝日生命ホールであった。杉村春子先生始め主力が出演していたにもかかわらず、舞台上手にちょこんと出て鮮やかな口跡のセリフを発した村娘、吉田日出子さんの姿が強烈に残り、「郷里の偉大な作家水上勉と吉田日出子」は忘れられなかった。新劇を観た最初は青年座十周年記念公演、矢代静一作『象と簪《かんざし》』であると思っていた私は、この公演が実は四月『山襞』のあとの五月、同じ劇場で上演されていたことについ最近気がついた。

水上作品の文学座初登場であった。以後、演出家木村光一氏と組んだ先生の小説は次々と舞台化され、演劇界の話題をいつも独占している感があった。福井県出身という、ただそれだけ、何んの関係もない小事は私にとって、大事として胸に秘められた。

この年の十一月、同じく十周年記念『しとやかな獣』公演の時、劇団の製作経営部（当時）に出入りしていた。

青年座は十周年の後、創立者達と同世代の劇作家、小説家との長い創作活動の中で培ってきた作品の舞台成果が評価され始める。八木柊一郎作『坂本龍馬についての一夜』、安部公房作『友達』、矢代静一作『夜明けに消えた』、そして石澤秀二によって持ち込まれたウジェーヌ・イヨネスコ作『禿《はげ》の女歌手』を次々に上演、一九六八年第三回紀伊國屋演劇賞団体賞を受賞する。そして劇団は下北沢から代々木八幡に拠点を移し、劇場を持った劇団という新展開を打ち出し、七〇年代に入っていく。水上先生の『雁の寺』『飢餓海峡』『越前竹人形』『越後つついし親不知』『五番町夕霧楼』が映画、舞台とその華やかさは圧倒的であった。青年座の一製作者として劇団の活動に胸を張っていた、が、どこかで、何んとか劇団で水上作品をやりたいと思っていたこともたしかであった。とは言えおいそれと手の届くものではなく、青年座上演活動の人脈にあった作家達との創造バトルが連続する、創作劇の青年座であった。

この頃、劇団は中学校公演を中心とした学校公演に本格的に進出していく。全国どこでもマイクロバス一台に舞台の一切合切を積み込み、スタッフ、キャスト十人が旅をする。若い座員は、ここでも創作劇を強く求めていた。そして登場したのが水上勉作、小松幹生脚本、篠崎光正演出『ブンナよ、木からおりてこい』である。派手な話題などどこにもない、本公演の間隙を縫った地味で、ひそやかな登場だった。紆余曲折の末、舞台はあれよあれよという間に学校公演から演劇鑑賞会の例会作品となり全国をまわる。四年後の一九八一年、第三次訪中公演に、日本を代表する『華岡青洲の妻』と、若い者による舞台として『ブンナよ、木からおりてこい』が選ばれ、北京、南京、上海を旅する。

水上先生は、青年座の若者が発散する爆発的なエネルギーあふれる舞台と行動を共にされた。かざり気も何もない、無名のひたむきな青年達の中に入った先生は、分け隔てのない振る舞いで接して下さり、私達はほとんどそれを独占し、無我夢中のうちに終る（この時先生は、『地の乳房』を東京新聞に連載中であった)。しかし数年後劇団にブンナ待望論が起り、一九八五年水上先生の脚本で第二次ブンナがスタートした。多忙をきわめる先生を京都の仕事場に追い込み、まだうら若い少女の面影を残す文芸部宮田慶子を送り込む。宮田演出になる第二次ブンナの成功は大きな道を切り開き、以後演出家が変り第三次鈴木完一郎、第四次黒岩亮、第五次磯村純と、千二百回を越えて今日に到る。

『金閣炎上』舞台化のあと、青年座創立三十周年に『地の乳房』が登場する。水上先生と創立メンバー森塚敏、初井言榮、そして今井和子、大塚國夫、久保幸一、歌澤寅右衛門、岩倉高子、藤夏子と、ジャジャ馬鈴木完一郎演出は壮絶であった。先生の自伝的要素の濃い故郷若狭に展開された舞台は、新たに「原発銀座」と呼ばれた現代が描き込まれ、大きな問題をつきつけた脚本が私達の前に立ちはだかった。そして三十年後、水上先生の没後十年と青年座創立六十周年が重なった年、『地の乳房』の再演に取組むことになった。創立メンバーも先生も目にしなかった「2011・3・11 東日本大震災・原発崩壊という時代」を生きる私達は、ほとんど総てを一新するスタッフ、キャストが気概を込め、「つきつけられた問題」に立ち向う。青年座の今を水上先生と共に生きているのである。

(上演パンフレット『地の乳房』2014年11月24日)

わろうて ござる

青年座創立六十周年記念公演第三作、水上勉作、宮田慶子演出『地の乳房』を打上げ、ほっと一息つく間もなく次なる作品、フランス現代戯曲ジョエル・ポムラ作、佐藤康翻訳、伊藤大演出『世界へ』日本初演の稽古が始まり、十二月十二日青年座劇場の幕が開く。年内はこれで終るが、すでにもう一本の稽古が始まろうとしている。二〇一五年、年明け早々シアター一〇一〇で四年目の幕を開け、そのまま全国に展開する演劇鑑賞会例会の旅に出る、鈴木聡作、宮田慶子演出『をんな善哉』に続いていく。劇団としてはこれ以外に青年座研究所の活動があり、今実習科（二年目）三十九期は実習公演、宮本研作『からゆきさん』を演《や》っている。劇団の新人養成は、下北沢時代末期に始めた三年制の養成所一期（幻の一期）の教育で始まり、間もなく代々木八幡に劇団が移り、これを機会に青山杉作記念俳優養成所をスタートさせた。俳優座養成所が十六期で発展的解消し、桐朋学園演劇科に移行、消滅したことにこだわりを残していた養成所出身者達がそれぞれの劇団を組織していたが、「あの学びの場が忘れられず」、システムは継承し、新人養成を各劇団が統一し運営しようという趣旨で始まった。西田敏行氏達が青年座研究所幻の一期生と言われたのは、卒業するとすぐ通称「青杉」の養成所に変ったからだ。この研究所も十年たらず、結局個々の劇団で行なうことになった。青年座研究所が今の本科

（一年目）で四十期になるのは、その時から数えてである。ここまで持続してきた自助努力は、もっともっと評価されるべきで、もうひとつの青年座史と言えるかもしれない。筆がそれた。劇団は映画放送事業を独立した株式会社にして三十五年になる。こうした形態に仕立てあげた当事者の総てがこの世を去って、六十年を迎えた。言わば五十周年からの十年は特別な意味を持っているのである。記念事業なるものは芝居創りしかないのは当然すぎる。『見よ、飛行機の高く飛べるを』から「Act 3D～役者企画 夏の咲宴～」『あゆみ』『UNIQUE NESS』『台所の女たちへ』、『地の乳房』までが終り、あと『世界へ』、早船聡作、須藤黄英演出『鑪――たたら』となる。

創立者を失って芝居創りを行なうことの意味は、表面的には何でもないように見えたが、実際はどうだったか。人材育成を劇団自ら行ない四十年になれば、この過程で意を同じにする者達が独自の行動を始めたりして問題になったりするものだ。劇団に入らなくても自分達の「劇団」を作って不思議はない。しかし、なかった。ここには現代日本、演劇状況の実際が大きく関係していると思うのである。集団を作らなくても芝居を創る場はいくらでもあり、むしろ、その方向が本流となっている。劇団に入った者達も、そこで打出す方針に唯唯諾諾とくっついて行くばかりではない。それぞれの世代の者達は悩み、迷い、現状に疑いを持ちつつ動いている。「飯は自分達で食え、芝居は一緒に創ろう」という日本にある新劇団の伝統は生きている。うーん、「日本の新劇団」か……。

「Act 3D～役者企画 夏の咲宴～」は、青年座の今という意味では六十周年記念公演の中、最も個性的な意味を持った仕事ではなかったか。ここにかかわった劇団「演技部」の者達は、パンフレットに意をつくして企画のモチーフを語っており、賛同して下さった作・演出者も青年座という場所での芝居創りの想いを披瀝している。役者十人が俳優座を飛び出して自分達の芝居創りの旅に出た、その心意気を、もう一度「私達が」確かめるべく立ち上げた企画が、二〇一四年の夏、どのように受け止められたか。「老舗劇団」と言われるようになり、またこれを好意的に見て来た人達からは、かなり辛口の評価を受けた。それは観たままであって、それ以外の何ものでもなく現実の厳しさ、と言うのだろうか、内々の人間としては忸怩たる思いであった。しかし、「お前がそんなことを言えるのかい」という声が返ってくる。劇団の中、演劇製作のポジションを担って五十年になる者のあり様って、いったいどんなものか、正直わからないのである。

青年座六十年史を上梓するについて、私は「この十年」と題して創立メンバーが皆消えてしまった十年間を中心に七十枚ばかりの座史を書いた。実に不思議な体験であった。ほとんど読まれることもない記述って、何の意味があるのか、という思いがずっと胸の内に残ったままであった。しかし、劇団って、そもそも、こうした儚い時間の積み重ねであって、真実は、芝居が劇場という名の舞台空間にのった、二時間か、三時間の中にしか存在しないのではないか。

いやはや柄にもない観念のから回りですね。

劇団創立三十周年に上演した『地の乳房』の再演は劇団六十年を考えるうえでは、思いの他多くの問題点を浮き彫りにした。水上勉先生、創立者の皆さんが何ともうれしそうに凝視している姿があって、驚いた。夏の夜の夢ならぬ、晩秋の幻想であろうが、なぜかいま我が胸に、しきりに舞い現れるのである。

（『悲劇喜劇』２０１５年１月号／早川書房）

巡る年月五十年

鶴岡市民劇場の五十周年の記録を劇団の芝居と共にみてゆくと、実にいろんな思いが、次から次に浮かんで来ます。ちなみに例会に入った作品は、五十年二百五十九回の中でわずか四本です。これは何んとも少なすぎます。ところで『王将』は？　新劇団に所属する製作者によるプロデュース公演のはしりと言われた「金井彰久プロデュース公演」は、敏腕で鳴らした青年座の金井が、緒形拳を引っぱり出し、かの有名な名舞台で新劇界に打って出たものです。当時の目新しい企画はほぼ全国を巡演し、鶴岡は一九七七年に演《や》っている。しかしそれから五年後初めて純粋に青年座公演、矢代静一作『江戸のろくでなし』の登場でした。西田敏行主演に津嘉山正種、高畑淳子がからむ。西田はすでに押しも押されもしないスター街道を走り、鑑賞組織の例会に出るのは大変でした。彼は矢代静一作『写楽考』で衝撃的デビューを果し、全国を旅したが鶴岡に行っていない。このように劇団の思わくと鑑賞運動は必ずしも一致するものではなく、例会実現には言いしれぬ苦労があります。二本目は矢代静一作『弥次喜多』、次いで岩下俊作作・西島大脚本『無法松の一生』、そしてマキノノゾミ作『赤シャツ』が続いて、三本の間に十年から十五年という時間がはさまっている。誠に辛抱強いつき合いです。劇団は劇団の論理、運動があり、鶴岡市民劇場には所属するブロックと共にある運動理念、持続の時間が積み重ねられている。世界に例のない演劇鑑賞運動の実態がここにあり、その時間が五十年という節目を迎えた。心からおめでとうを申し上げます。

『赤シャツ』は二〇〇一年初演、全国各ブロックを旅し、十年後待望の東北ブロック統一となり、その初日の二〇一一年三月十五日の会津例会に旅立つべく川崎市で舞台稽古最中、三月十一日午後二時四十六分、東日本大震災にみまわれる。演劇どころではなくなった。しかし、ほぼ一年半後例会は再開された。鑑賞と創造にいかなる葛藤があったか。丁度この稿を書いている今、四年後の三月十一日、私は深い呼吸とともに想い返す。一作一作にまつわる双方の時間空間に横たわるものは、作品数の問題ではない創造をめぐる確かなよろこびがあります。

「……五十年先、百年先にこの国は、僕や吉川君やマドンナやその新しいお相手の様な、そんな人間ばかりが闊歩する国になるだろう」「ねえ小鈴。そんな国に、おまえは住みたいと思うかい?」「僕は、御免だ……真っ平だ」。赤シャツの最後のセリフです。演じた横堀悦夫と野々村のんが見すえた舞台のはるか彼方に今日、私達が住む日本、戦後七十年の実際があります。

五十年と言えば、私が青年座に入って五十年に重なります。東京に生まれ、疎開、奥能登に小学校三年まで、小さな村を点々と住家を変え、貧窮にあえぐ一家が福井県の芦原温泉に。やがて時がきて、日本海に面した丘の上の高校を卒業、何んと大学に入って上京、そして五年後でした。

鶴岡市民劇場と同じ時間を歩く、いささか感傷的な思いにとらわれます。

鶴岡出身の演出家五十嵐康治さんは私の先輩、今は所属していませんが、右も左もわからない私は演出家と製作者にしごかれたものです。またちょっと後に入団した酒田市の山本与志恵は、今青年座の重責を担う女優です。先年亡くなった製作者木山潔さんが創った作品を鶴岡の上演リストにみつけ、演劇評論家木村隆さんと日本海側育ちの三人がつるんで芝居を語り合った、そんな思い出が次からつぎにわきおこります。

演劇は観客があって成立する時間芸術であり、それにくわえて上演される場所、地縁は切っても切れない関係にあります。

さて、鶴岡市民劇場に青年座の次なる作品が例会候補に上げられています。二〇一六年の五月から六月にかけて、『ブンナよ、木からおりてこい』です。

全国演鑑連の上演リストをひもといてみると、水上勉先生の作品が非常に大きな場をしめていることに気がつきます。言わずとしれた福井県出身の小説家です。作品の多くは日本海に面した風土が舞台となっています。小説がこれ程多く劇化され上演されてきた作家は水上先生を置いてない、と言われています。

作品は商業演劇、新劇等々、幅広い分野にわたって上演されてきました。私は新劇界に入って、いつか田舎の偉大な作家にあいまみえ、その作品を青年座で、と思って来ました。そして、一九七八年四月二十八、二十九日青年座劇場、お寺の庭に生きる小動物たちと、蛙のブンナをめぐる物語『ブンナよ、木からおりてこい』が誕生。以来三十八年、鶴岡市民劇場の皆様の前に現れます。

作品について一言申し上げれば、「ブンナ」はあなただということです。人も皆この世に生をうけ、手をたずさえ、生きてその喜びを謳歌する。

春の小川は　さらさら行くよ
岸のすみれやれんげの花が……

この童謡は青年座のある東京、代々木八幡にかつて流れていた小川の情景を詩《うた》ったものです。
巡る年月、鶴岡市民劇場五十年の、明日に春のエールを！

（『鶴岡市民劇場五十年史』２０１５年3月11日）

「今日という日は二度とない」

昭和十六年生まれということを知って、自分とはえらい違い、大人の風貌にいつも何かを求めている眼光。市ヶ谷であった。『テアトロ』編集者と駆け出し青年座製作部員の出会いであった。二人は地方の高校を出、何んとか東京の大学にもぐり込み、映画の世界への野望めいたものが。しかし現実は似て非なる世界に身を置き、それでも「何かを！」の思いがあって会うたび心はずむ会話があった。
「テアトロ」社は神田に、青年座は代々木八幡に小さな劇場を持って、華やかなりし〝アングラ演劇〟を横目に我が道を歩いていた。

小松が映画のシナリオから戯曲に手を染め、コツコツ描き出していたことは知っていた。

出会って十年になろうとする一九七五年頃、高田馬場の小さな劇場「東芸」に書き下ろした作品が宙に浮いていることを知った。『尾骶骨の連歌』だ。「一度読ませろよ」に、小松はあの笑顔でうれしそうに「そうかい」と言った。何をしでかすかわからない若い鈴木完一郎に演出を決めた。何しろ大地震で激しく揺れ続ける留置場にぶち込まれている七人の男、奇想天外というか奇妙きてれつな話は理解不能であったが、乗りついでに『デスマッチ連歌』にしちゃえよと改題を提案、演《や》ってしまった。劇作家小松幹生の懐の深さである。翌年、彼は『雨のワンマンカー』を『テアトロ』に発表、レクラム舎が上演、評判をとった。同じ年に青年座スタジオ公演が名のり出、上演した。演出家篠崎光正の熱望に小松はあっさり同意したことになる。この辺、作家の割り切りはすごい。製作者としてはものすごい舞台装置の下にもぐって、客席が仮設だったので、生きた心地のしない本番の毎日だった。

彼の作品は次々に『テアトロ』で活字になり上演も多く、新劇団、小劇場、児童劇、影絵、人形劇と広がり、その作風、戯曲はかくあるべきなどくそっくらえの我が道をゆくものであった。この頃私は水上勉作『蛙よ、木からおりてこい』の戯曲化を模索、小松の舞台に出来るならやってみな精神に賭けた。一九七七年『ブンナよ、木からおりてこい』が誕生した。小松は「自分の個性みたいなものはきれいに捨てて、水上勉をすっぽり全部そのまま受け入れ」「大地にゆったり立ったつもり」で書いた。それは、何んという小松的個性あふれる戯曲であったことか。紆余曲折はあったが、二〇一二年第五次ブンナで補綴《ほてい》に立ち、続演は明日に続く。そう、明日といえば、一九八九年初演の井上光晴原作『明日——一九四五年八月八日・長崎——』は忘れられない戯曲だ。戦後七十一年、日本の一番暑い盛り、八月十二日、彼は逝ってしまった。

（『テアトロ』2016年10月号）

椎名麟三先生

椎名先生が一九五四年に創立された青年座旗上げ公演『第三の証言』の作家であることは、座員であれば誰もが知っている。しかし「思い出」を書けと言われて、簡単に返事が出来る人など、居るのだろうか。と言うのも、昨年劇団に残る創立メンバーの二人が死去し、総てがこの世を去った。

創立者十人が面識もない椎名先生宅を三島由紀夫氏の推薦をたよりに押しかけ、強引にくどき落とし、第一回公演をものした。先生は青年座十周年誌に、「青年座は、演劇の名のもとに幼い少女であったぼくを強姦したようなものだ。何故ならそれまで私は、演劇といえば短い一幕もの（『家主の上京』）を気ままに書いたことがあるかぎりであった。ところが『第三の証言』という処女強姦に似た三幕を書かせることによって、頭のはげた五十男になったいまもその傷口から血を流させつづけているのだ」と書かれている。この話は私達後輩に強烈なイメージをうえつけるものであり、私は椎名先生の存在に生意気にも特別な愛しさを感じていた。若者十人が椎名先生にせまる現場に居合わせ、決定的瞬間の一部始終を証言する人が座に一人もいなくなったことに青年座の今日が象徴されている。

椎名先生生誕百年を教えられ、不遜にも私は亡き父のことを思い出した。父は先生より一歳上。昨年ソウルに行った時、日韓併合百年の年ということでいろんな動きがあった。百年が遠い昔ではなく、我々が生きている身のまわりに、太く、細く、多くのつながりがからみあっていることを、今更のように教えられた。私は小笠原父島より復員し左官職人に戻った父の願望を尻目に「一抜けた」を演じ、結果、疎開先の田舎を脱出、生まれ故郷の東京へ。色々あって青年座の演劇製作部員になった。そして作家という人に初めて出会う。

一九六五年、青年座は十周年記念公演を終えて劇団の若手公演として、『蠍を飼う女』を夏の盛り八月二十一日、六本木俳優座劇場で上演した。当時の本拠は下北沢。三階の立派な稽古場に椎名先生をお迎えした日、先生がお座りになるソファーの脇の小テーブルには満たされたウィスキーグラスが置かれていた。そしてゆっくり階段を上ってこられた先生にお会いすることになる。演劇のえの字もしらない新入座員であったが、小説家椎名麟三は有名な作家として認識していた。

稽古が終って演出家をはじめ他何人かのスタッフと、森塚敏、大塚國夫等幹部俳優が劇団の近くの喫茶店で打合せをすることになり、ゾロゾロと歩き出した中に私もいた。四メートル以上離れて。そばに寄るなど、考えもしない、恐れ多いことであった。ところで劇団は小田急線ぞいにあり、店は近くの踏み切りを越えなければならない。折りから電車が近づき遮断機が下りて、一行の流れが急にとまり、各人の間がつまってしまった。その時椎名先生の目が私をとらえた。先生は、瞬間身体がこわばり、足がすくみ、たじろいた、その目差《まなざし》。いったい何が起こったのか私は啞然としてしまった。

茶店に落着いてことの真相が判明した。椎名先生は、みたこともない青年が一人、じっと自分を見つめて、ついてくることに気づき、てっきり特高刑事の尾行である、と思ったそうだ。それを聞くに及んで座員達は大声で笑い出し、座が白けるどころか大盛り上がりとなり、打合せも和やかに、つつ

当時の下北沢の青年座稽古場での椎名麟三氏（1965年8月）

がなく終った。が、私は撫然たる面持をかくすことが出来なかった。よりによって特高刑事ですか、先生、と言いたかった。しかし強烈な初対面だった。私の先生に対する最初の「思い出」である。

一九六六年、私は俳優座劇場で、『天国への遠征』三度目の公演の製作者としてこの業界にデビューした。青年座学校公演、主に高校に売り込み、上演スケジュールを作り、次の年、自分の出身高校や町に出かけていった。

「オルグ」をしている時に、母校の高校演劇顧問は『天国への遠征』に理解を示さず、こんなふざけた芝居の戯曲など、とんでもない、と言ってはばからなかった。くやしかった、本番をみてろと思った。もう一本の戯曲が真船豊の『鉈』であっただけに無理もなかった。そして翌年、公演当日の反響はすさまじいもので、先に上演した『鉈』は、うんともすんとも反応しなかったのに、『天国への遠征』が始まると、全校生徒は爆笑また爆笑、これはもう想像を絶する対比であった。

私の演劇製作者の原点である。

椎名先生と青年座は一九六七年、新作『鳥たちは空をとぶ』が最後になる。この頃公演パンフレットの編集もやっており、筆者は中村真一郎、佐古純一郎、磯田光一、森禮子、五所平之助、武田泰淳、堀田善衛、山本健吉氏といった大変な方がたに原稿を依頼し、取りにいったりしたことをふりかえり、椎名先生の存在の偉大さに、文学少年上りでもあった私は感動しまくったのであった。

今、手元に昭和四十二年、二見書房発行の『人／生活／読書』がある。松原の御自宅を何度も何度もお訪ねした時にいただいたものだ。

一日の苦労はその日
一日だけで十分である

椎名麟三

水谷内助義様

二十六歳、私の演劇青春真盛りの頃。

（2011年10月1日）

あとがき

私の住まいの近くに薄茶色のぶち猫がいました。相当前からその存在は知っていたが、ただそれだけのことで、別に気にもとめなかったのです。が、この二、三年でしょうか。日に一回は、目にするようになり、そのうちひどく気になるようになりました。もっとも、私は以前のように毎日出勤するわけではなく、用件がある時ということになっているので、猫の側にしてみればまったく無関心であるわけです。

相当な年のせいか猫の行動パターンが明らかに変化し、その様子は日に日に激しくなったのです。冬の夜十時、十一時にも決まった場所。大きな通りから路地に入った、然るべき駐車場の道側すれすれに丸くうずくまり、目をとじて座っている。また夏には、直射日光をさけ、駐車している車の下にもぐり、ねそべったりして必ず私達の目につくような位置にいるのです。多分、ほとんど一日中。

道行く人達は多くありませんが、その姿に老若男女が声をかけ、中にはしゃがみこんで背をなで、手応えのない、きわめてにぶい動きに、心動かされつつ離れて行くのです。

私は「おい、猫、もう遅いぞ、寝る時間だよ」とか「寒くないのかなあ、なあ」とか声をかけるようになっていました。今年六月頃でしょうか、飼主と思われる人が、「この猫は大変な年ですので、エサは体に良くありません。与えないで下さい」の立て札をたてた。さもありなん……。そして七月も末に、「チャチャを可愛がって下さった通行の皆様、安らかに永眠しました。ありがとうございました」と猫の戒名札と……。実際、この数日来、みかけなくなり、もしや死んだかも知れないと思っていました。

昼、夜二本の芝居を観、ひどく疲れた夜道、足元もおぼつかない、というかこんな無様なかっこうは、何んだろう、とぼとぼとぼと歩いていたのです。

あいつが居たら、「おい猫、もう寝る時間だぞ」と言ったに違いありません。私は佇み、くり返し、くり返し、「チャチャ」とつぶやきました。初めて知った名、彼か彼女か……老猫の死を悼みました。そしてこみあげる、名状しがたいものに突き動かされ、オエツしました。

青年座製作部員として切符を売り歩いていた時、ふとしたきっかけから「富士経済グループ」会長阿部英雄氏に出会い、以来言葉に尽せぬ程の御厚誼をいただいてまいりました。今から十一年前になります。「本を出してみないか」とおっしゃるのです。もちろんある人を介してですが、詩人阿部英雄先生がです。信じられない出来事でした。

劇団本公演の製作担当を若い世代が中心に動かすようになった頃、日常近辺に起ったことを盛りこんだ小文を書いてダイレクトメールに封じ込み、観劇のお願いをし始めた。以来、二十五年になろうか。無論、阿部先生にもお送りしていました。私はこのお誘いにのってしまいました。

『劇を。』夢にまで見た本は教育評論社から出版されました。そしてあっという間に十一年。今も青年座製作部の一員として所属、あいかわらずダイレクトメールにしたためた小文に近況とお願いを続けています。

いつか名も知らぬ老猫と一方的に心をかよわす、そんな日常がまいりました。これって変でしょうか。

私達の演劇をとりまく時間は、昔も今もちっとも変っていないのではないかと思いつつ、ある意味では生活を取り囲む状況は一変した感が。観劇に訪れる人達の足は遠のきつつあり、読書、あるいは出版、活字離れは恐ろしいものがある。電車にのってもスマホにしがみつき、優先席などおかまいなし、若者が座りこんで離れません……。

ある日、一冊の本が送られてきました。一葉社発行、華麗なる衣装をまとった『舞台歴程――凛として』。劇団仲間創立者の一人、女優伊藤巴子さんの著書は、長い長い交流の中、知ってるつもりの私を打ちのめすような衝撃がありました。その出版に至る経緯に「あの松本昌次氏」が存在していたのです。

一九六〇年代、劇作家秋元松代氏の『常陸坊海尊』『かさぶた式部考』といった傑作を上演した「演劇座」の製作部・庄幸司郎、松本昌次コンビがとんでもない行動をとって新劇団の製作者を驚かせ、とりわけ編集者松本昌次氏がいかなる方か、ものすごい好奇心にとらわれました。

私はまたもや図々しくも、数多くの名作を世に出された名編集者、松本氏に私が書きためていた原稿について御相談に及んだわけであります。その結果が、本書『新劇製作者――劇団青年座とともに』となった次第です。

劇団は夏も冬もありません。一人の観客を求める活動はゆるみなく続いています。そんな中、この無謀な行為もその一つ、とあえて申し上げます。

御指導をいただいた松本昌次氏に心より感謝申し上げ、また素人の私に出版の場を与えて下さった和田悌二氏、お世話いただいた大道万里子氏にお礼申し上げます。

２０１７年７月31日

水谷内　助義

東京マラソンで42・195㎞を完走しゴールインする著者（2013年2月24日）

水谷内助義（みずやち・すけよし）

劇団青年座取締役・相談役、日本新劇製作者協会会長、日本演劇協会専務理事。

1941年、東京生まれ。戦時、奥能登に疎開、のち福井県芦原町に転居。県立三国高校より日本大学芸術学部映画学科へ。65年、劇団青年座に入団。78年、水上勉の青少年向け小説『蛙よ、木からおりてこい』を舞台化した青年座公演『ブンナよ、木からおりてこい』を製作。新劇製作者として数々の作家、劇作家の作品の上演に携わり続ける。

2014年「文化庁長官表彰」。

著書は、『劇を。——ある演劇製作者の記録』（教育評論社・2006年）。

新劇製作者《しんげきせいさくしゃ》　劇団青年座《げきだんせいねんざ》とともに

2017年9月13日　初版第1刷発行
定価　2500円＋税

著　者　水谷内助義

発行者　和田悌二
発行所　株式会社　一葉社
〒114-0024　東京都北区西ケ原1-46-19-101
電話 03-3949-3492／FAX 03-3949-3497
E-mail : ichiyosha@ybb.ne.jp
振替 00140-4-81176
装丁者　松谷　剛
印刷・製本所　モリモト印刷株式会社

ISBN978-4-87196-065-6